Ma bouteille à la mer des injustices

Quand l'équité part à la recherche de sa vertu…

Patrick Louis RICHARD

ISBN KDP : 9781794489653

Dédicace

À toutes celles et ceux qui œuvrent, à chaque instant de leur vie, afin d'aider, avec les moyens dont ils disposent, à faire que les injustices ne deviennent jamais la normalité.

Table des matières

Introduction

Les injustices commencent là où les inégalités, le deux poids deux mesures, le favoritisme, l'atteinte à la liberté d'expression, le manque de transparence, les yeux fermés aux comportements déviants, les entorses à l'éthique, deviennent la normalité.

« Ma bouteille à la mer des injustices » est un message singulier, écrit et lancé en vue d'agir de manière encore plus systémique et volontariste pour gommer le *« in »* de *« in-justices »*.

Tout en ayant en tête cette particularité qui fait que, selon notre sensibilité, notre vécu, nous pouvons avoir une vision et une appréciation différentes des injustices, de leur nature et de leurs conséquences.

Depuis ma petite enfance, dans la cour de l'école maternelle, je me rebellais déjà contre ces garçons qui agressaient les filles ou qui se moquaient d'elles, simplement parce qu'elles avaient tressé leurs cheveux, étaient trop grosses à leurs yeux ou trop coquettes.

Je trouvais ces comportements particulièrement goujats, lâches et injustes. Et cette rébellion avait déjà mon cœur pour seul guide, comme il l'a été et le sera durant toute ma vie.

Avant de vous inviter à découvrir le message glissé dans *« Ma bouteille à la mer des injustices »*, mon côté *« justicier »* a choisi pour vous cette citation.

Celle-ci montre combien le cœur est le meilleur radar pour percevoir les injustices et lutter contre elles, quelles qu'elles soient et où qu'elles soient.

« Surtout, soyez toujours capables de ressentir au plus profond de votre cœur n'importe quelle injustice commise contre n'importe qui, où que ce soit dans le monde. C'est la plus belle qualité d'un révolutionnaire. »
Ernesto Che Guevara

Pourquoi ai-je choisi de lancer une bouteille à la mer ?

À chaque fois que je me suis trouvé face à un problème qui me dépassait, que je pensais insurmontable, que je ne pouvais pas régler seul, l'idée m'est toujours venue de lancer *« fictivement »* une bouteille à la mer, avec un message glissé à l'intérieur, qui variait selon l'importance et l'urgence que j'attribuais au problème à résoudre.

J'espérais, dans mon imaginaire, que celle ou celui qui trouverait ma bouteille échouée sur le sable, tenterait d'y apporter une solution ou irait la chercher auprès d'autres.

À l'évidence, il me fallait une bonne dose de légèreté, voire de folie, pour agir de la sorte. C'est clair que si nous devions procéder ainsi pour que tous les problèmes sur cette terre trouvent leurs solutions, il y a bien longtemps que lancer une bouteille à la mer aurait reçu son *« brevet de sauvegarde de l'humanité »*.

Mais le faire me procurait beaucoup de bien et d'espoir. Aussi, je n'ai pas hésité à renouveler l'expérience avec les injustices.

Quel vaste sujet, d'une complexité sans nom dans sa reconstitution, que celui qui aborde ces inégalités, véritables poisons de la vie. Touchés par les injustices, nous le sommes tous à des degrés différents, et pas besoin de nous victimiser pour cela, elles existent *« naturellement »* depuis la nuit des temps et dès nos premiers cris.

Je me suis levé un matin, en me disant qu'il était temps pour moi de libérer mon cœur, non pas de sa colère introvertie, mais de toute la vérité sur ce que je vivais comme de réelles injustices, à mon égard et à celui des autres, en évitant d'adopter une posture de victime, à travers des ressentis, plus que des expériences.

L'occasion me sera donnée d'en parler bien plus en détail dans les prochains chapitres, mais je souhaite dès à présent écrire combien le mot « *in-justices* » a résonné, résonne, et résonnera toujours en moi.

Perdu dans des problèmes bien réels pour les distinguer de ceux existentiels, je me suis posé la question de savoir ce que j'étais venu faire dans ce monde, quelle était ma véritable mission.

De cette adolescence, la plus incomprise qu'il soit, car régulièrement roué de coups sans savoir pourquoi, j'ai puisé cette force incroyable de ne jamais céder un pouce de ma résistance face aux injustices.

J'ai très vite su que ma mission de vie consisterait à être une sorte de « *Robin des bois* » des temps modernes, qui ne laisserait rien passer partout où il se trouverait, un cœur résistant contre les injustices et la maltraitance de l'Humain.

Si j'avais dû lancer une bouteille à la mer par injustice criante à faire disparaître, j'aurais déjà épuisé le stock de toutes celles qui existent sur terre.

Rien de plus injustes que des injustices qui n'ont pas de raison d'être ou d'exister. Ces injustices gratuites que certains s'autorisent à créer et à distribuer, consciemment ou inconsciemment, comme des petits pains, histoire d'assurer leur propre bien-être et celui de leur clan, en écartant ceux qu'ils voient comme des dangers et qui n'en sont point.

Souvent, j'ai associé dans mes pensées le mal et l'injustice, la seconde étant au service du premier. Plus les cœurs sont en souffrance, moins ils sont vaillants pour empêcher les « *méchants* » de se nourrir de leur méchanceté.

C'est à force de vivre, et non de ressentir : surenchère donc victimisation, les injustices de plein fouet, que j'ai eu la conviction qu'il ne pouvait pas y avoir un seul endroit sur cette terre libéré d'elles. Et il ne s'agissait pas de petites injustices, mais de grandes, même de très grandes. Celles qui conduisent à la précarité des gens de cœur et au succès *« des allergiques à l'empathie »*. À croire que le bien est pour les gens qui font du mal et le mal pour les gens qui font du bien.

Rien de plus révoltant pour moi que d'avoir à l'observer, à le constater, à le vivre ou à le voir vivre, avec pour seule action possible, la réaction dans l'indignation.

Inimaginable à mes yeux d'entamer ma croisade contre les injustices par une rébellion contre mon propre père, celui qui était à mes yeux toutes les injustices *« éducationnelles »* réunies. Je lui aurais donné une raison de plus pour me battre.

Aussi, j'ai gardé mes injustices au fond de mon cœur. J'en ai partagé quelques-unes avec ma sœur qui, cependant, était trop jeune pour en mesurer la portée, protégée qu'elle était d'être une fille.

J'ai attendu d'être un adulte d'expérience et de raison avant d'écrire le message glissé dans *« Ma bouteille à la mer des injustices »* qui se dévoilera à la fin de mon livre, mais ce n'est pas l'envie qui m'a manqué durant mon enfance et mon adolescence d'en écrire plusieurs, comme des appels au secours, des SOS justice ou justesse.

Appels au secours en vue de comprendre le pourquoi de ce que je vivais comme les *« injustices de l'autorité stérile »*, celles qui me faisaient pleurer, écorchaient mon cœur, avant de me jurer que j'aurais raison d'elles un jour ou tout au moins d'une partie d'entre elles.

J'avais pris connaissance de la définition des injustices en allant feuilleter les pages du dictionnaire, mais j'éprouvais encore des difficultés à ne pas amalgamer les injustices réelles et les injustices fabriquées par mon imaginaire ou ma sensibilité à fleur de peau.

Tout était encore flou dans mon esprit et il s'avérait ardu pour moi d'y associer un qualificatif. Inégalités me parlaient plus qu'injustices.

De ma philosophie des injustices et de la façon dont elle s'est forgée, je parlerai dans le chapitre suivant, parce qu'il m'a semblé important de faire la nuance entre les « *injustices collectives* » qui impactent le plus grand nombre et les « *injustices individuelles* » qui touchent unitairement.

Comme si les injustices étaient à la fois une affaire de perception : ressenti personnel, et de société : réalité de tous.

Ma philosophie des injustices

Nous avons, toutes et tous, notre façon bien à nous de voir, de ressentir, de vivre, les injustices, même si certaines d'entre elles sont tellement criantes qu'elles font l'unanimité dans nos appréciations.

Décrire dans quels contextes ma philosophie des injustices a trouvé sa substance et comment elle s'est forgée au fil de mon propre vécu, de celui de mes proches et de mes collègues, est le sens même de mon propos ici. Car, comme beaucoup, je reste convaincu que l'essentiel des craintes, des peurs de notre vie, se fonde : *au sens fondation, fondamentaux,* et s'enracine au cours de notre enfance et de notre adolescence. C'est là que notre sensibilité, celle qui agit en connexion avec notre cœur, nous éveille aux injustices de ce monde.

Et ce qui apparait comme *« in-justices »,* à nos yeux, n'est que l'émanation de ces peurs, associée à la représentation que nous nous faisons d'elles.

Voici comment les miennes se sont formées. Une genèse philosophique intérieure à laquelle je *« nous »* invite à participer et qui trouvera, sur son chemin, des citations choisies pour l'illustrer.

Mon premier rendez-vous avec les injustices a eu lieu bien avant d'aller à l'école. Mais manquant de références, d'éléments de comparaison, je n'ai pas pu alors me rendre compte que j'avais commencé à *« vivre »* certaines d'entre elles.

Est-ce normal de rester seul à l'âge de quatre ans, pendant plusieurs heures, dans une pièce, parce que ses parents ont décidé d'aller au cinéma, sans se préoccuper de la garde de leur fils ?

Est-ce normal aussi de laisser un enfant en bas-âge se rendre à l'école non accompagné et qui plus est avec un parcours risqué ?

Je ne le crois pas et les exemples de parents attentionnés et responsables n'ont pas manqué pour moi.

C'est en classe maternelle que les premières pierres sur mon parcours avec les injustices ont commencé à s'imbriquer, comme un mur qu'il me fallait construire autour de moi, pour éviter de me faire happer par ce monde, si loin de celui auquel j'aspirais. J'ai toujours pensé que j'étais arrivé sur cette terre par accident, pour ne pas dire par erreur, tellement le désamour de mes parents était grand.

Injustices envers moi-même et injustices envers les autres, elles se résumaient généralement par des questions que je posais à ma conscience et à mon cœur. Questions qui sont bien souvent et même trop souvent restées sans réponses.

Comment se fait-il que les mamans de mes camarades de classe leur préparent un goûter et pas la mienne ?

Pourquoi la maîtresse n'a pas besoin de faire preuve de violence envers moi pour que j'apprenne, j'assimile, je me tienne sage, alors que mon père en use et en abuse, avec la complicité de ma mère, sans la moindre retenue, en vue d'obtenir la même chose ?

Qu'est-ce qui me rend si différent pour être *« éduqué »* d'une manière à l'école et d'une autre à la maison ?

Pourquoi ceux qui font de grosses bêtises arrivent-ils à échapper aux punitions, surtout quand ils sont les enfants de parents notoirement connus ou riches, alors que ceux qui en font de petites se voient sanctionnés ? Y-a-t-il une justice spéciale basée sur le statut ou le rang dans la société ?

Toutes ces interrogations, loin d'être exhaustives, vont être les piliers de ma philosophie des injustices.

Si j'avais eu à leur donner une définition lors de mon adolescence, je les aurais qualifiées ainsi :

« Les injustices, c'est quand nous découvrons, en nous comparant et en nous référant aux autres, que le deux poids deux mesures existe. »

Et si je devais donner une définition aux injustices aujourd'hui, c'est cette citation qui s'en rapprocherait le plus :

« En pardonnant trop à qui a failli, on fait injustice à qui n'a pas failli. »
Baldassarre Castiglione

Mais aussi celle-ci :

« Quand on naît dans l'injustice, on ne le sait pas tout de suite. »
Louky Bersianik

Combien de fois ai-je été comparé, à tort ou à raison, à Calimero. *« C'est trop injuste ! »* était ma phrase refuge.

Pendant longtemps, j'ai pensé que les injustices ne touchaient que les personnes gentilles, sensibles et empathiques. Et que la justice les entretenait, en donnant raison à leurs auteurs et pourvoyeurs.

De ce monde, je ne voyais que le mal, tellement le bien était à mes yeux constamment érodé par celui-ci. Mon cœur allait beaucoup plus vers les âmes en peine, les personnes fragilisées, que vers les joyeux lurons, les gens aisés, même si j'appréciais, par épisodes, leur compagnie. C'est d'ailleurs pour cela que j'ai développé une sensibilité à l'égard des filles et des femmes, car en matière d'injustices, elles ne sont pas épargnées. À croire que tout a été construit par les hommes et pour les hommes.

Je me suis dit que les injustices pouvaient trouver leur source dans des mœurs barbares, d'un autre temps ; que les gens sensibles et intelligents ne pouvaient pas être injustes. Au contraire, ils étaient les premiers à défendre la veuve et l'orphelin.

Difficile de sortir de l'univers des méchants et des gentils quand nous sommes les enfants du désamour, que nous sommes punis sans savoir vraiment pourquoi, que nous pensons faire bien alors que ce n'est jamais assez bien.

Il y avait une véritable forme d'injustice dans le comportement que mon père adoptait à m'en demander toujours plus, sans s'assurer que j'étais capable de cela.

C'est bien de vouloir tirer ses enfants vers le haut, mais s'il en résulte de la souffrance, de l'incompréhension et de la frustration, çà l'est beaucoup moins !

Une éducation élitiste, censée permettre aux enfants d'accéder au meilleur en étant les meilleurs, peut aboutir à l'effet totalement inverse, un peu comme un entraineur qui surestime les capacités physiques et mentales de celui ou celle qu'il prépare à un objectif. Le sportif finit par craquer et par claquer la porte.

Rien de plus décourageant que de laisser croire et ensuite de décevoir. Ceci, je l'ai vécu à plusieurs reprises. Pourquoi devais-je faire toujours plus que les autres, me priver plus que les autres, être puni plus que les autres ? Pourquoi étais-je né pour être privé de vivre mon enfance, à la différence des autres enfants ? De qui étais-je l'exutoire ?

Profondément tourné vers les autres et n'ayant pas les clés de mon propre sauvetage, je suis devenu leur *« assistant-sauveur »,* avant, bien des années plus tard, de chercher à être mon propre sauveur, par une meilleure connaissance de mon *« moi »*.

J'étais en alerte permanente, prêt à aller aider, soutenir, consoler, donner de l'espoir, tout en restant lucide sur le fait que ma marge de manœuvre était à la hauteur de mes moyens, et que je ne pourrais malheureusement pas faire taire les injustices, surtout celles structurelles, bien enracinées dans le fonctionnement de notre société.

Je devenais, sans me rendre compte, un être à part, peu capable de vivre en milieu hostile ou en prise avec une « *bienveillance égocentrée* ». Le moindre comportement que je jugeais, à tort ou à raison comme injuste, provoquait en moi une réaction de méfiance, de protection et parfois même de rejet.

Attitude qui m'écartait, jour après jour, d'une vie normale, d'une vie contrainte d'accepter que les injustices soient une quasi fatalité. Un peu compliqué dans l'esprit d'un battant, d'un résistant, que de devoir admettre que les injustices sont vieilles comme le monde et qu'elles ont encore de longues années devant elles, à créer de la souffrance, de l'exclusion, de la partialité, de l'inégalité.

« *À efforts équivalents, résultats au moins équivalents* » était ma philosophie, certes bien puérile, mais celle qui a fait que je n'ai jamais cessé de croire qu'un jour l'équilibre se ferait, ne serait-ce que partiellement.

« *Accepter de ou renoncer à* » était inconcevable pour moi, comme toute forme de soumission, d'asservissement. Nous ne pouvions pas être, en continu, dans le tout et son contraire, dans le paradoxal. Avancer de deux pas et reculer de quatre n'était pas dans mes gènes et encore moins décider en mode auto-protecteur ou instable.

Tout manquement aux valeurs, à l'éthique, en commençant par le respect, était pour moi une faute et quand cette faute n'était pas sanctionnée, elle devenait systématiquement une injustice, à mes yeux.

Je me suis souvent posé la question du pourquoi de ma vision de la vie et des choses de la vie de manière aussi tranchée. Peut-être que les coups de mon père avaient accentué mon instinct de survie, ma volonté de me protéger, mon allergie aux personnes et aux milieux toxiques.

Les injustices bien réelles de ce monde, je les voyais bien, mais je m'en suis aussi créé de virtuelles, pour toujours rester en alerte et donner du grain à moudre à mon tempérament de battant. Il n'y avait rien de masochiste à me comporter ainsi, car, me faire du mal pour me faire du mal, n'était pas mon credo, mais une sorte d'auto-alimentation de ma volonté de changer ce que je pouvais de ce monde, ou tout du moins l'environnement proche où j'évoluais, tout en veillant à changer moi-même.

Des émules, j'en avais, notamment parmi mes équipes. C'est ce qui m'a d'ailleurs encouragé à persister. Les méchants, c'étaient les dirigeants, les directeurs, les managers. Ils étaient là pour être exemplaires, en tous points, et pour avoir cette reconnaissance que la plupart d'entre eux négligeaient ou occultaient, comme si bien faire était pour eux la moindre des choses et mal faire ne leur posait pas vraiment de problèmes, dès lors que cela ne dérangeait pas leurs propres ambitions, leurs propres intérêts !

Et quand ils ne l'étaient pas, je trouvais leurs comportements profondément injustes, partisans, pour ne pas dire partiaux. Ils jouaient, à mes yeux, un double jeu hypocrite et manquaient de cette transparence qui est pour moi essentielle dans des rapports humains sains et durables.

L'équité et l'intégrité dans le travail, comme dans la vie, sont pour moi une condition sine qua non à la construction et au développement d'une société plus juste ou moins injuste.

Il est dit que le changement commence par soi, mais comment être équitable dans un monde inéquitable, et pire encore qui en fait sa méthode de fonctionnement.

Autant je m'inventais des injustices, autant le monde lui s'inventait des raisons d'agir en mode hôpital, avec des tiroirs remplis de pansements.

Ma philosophie des injustices a bien sûr évolué avec le temps, au fur et à mesure que je gagnais en maturité et en expérience. Mais tant que je n'avais pas coupé le cordon ombilical avec mon enfance douloureuse, les injustices ont été à la fois la hantise et le combat de ma vie.

Le cordon ombilical, je l'ai coupé après voir parachevé un travail important sur moi-même, seul en relation avec ma voix intérieure et accompagné par des spécialistes. En revanche, cela n'a pas entamé ma détermination à contribuer, partout où j'en aurais la possibilité ou l'initiative, à plus de cohérence et d'équité, à moins de comportements et d'actions paradoxaux.

Ce monde semble paumé, à la dérive, sans repères. Il a besoin de retrouver un sens et les valeurs qui ont fait les grands moments de son histoire.

Et de sens, parlons-en !

Comment pouvons-nous continuer à œuvrer pour une vie meilleure, si nous ne lui donnons pas un sens ? Voulons-nous être à jamais des errants à la recherche de l'inutile, alors que l'utile est à portée de main ?

« Quand l'ordre est l'injustice, le désordre est déjà un commencement de justice. »
Romain Rolland

Continuerons-nous à croire que tout ce qui est organisé, fait, décidé, l'est pour le bien du plus grand nombre ?

Ou bien déciderons-nous de nous révolter, une fois pour toutes, pour que le désordre soit, comme l'a exprimé avec justesse Romain Rolland, un commencement de justice ?

Une chose apparaît comme évidente et ma philosophie plus accomplie des injustices me le rappelle chaque jour : nous ne pouvons plus avancer, sans savoir ce que nous voulons et où nous allons !

De plus en plus de voix s'élèvent pour un retour aux fondamentaux de la vie, aux choses simples, à ce que la nature que nous avons trop longtemps négligée nous offre déjà.

Ce n'est pas la planète que nous devons sauver, mais les conditions de vie sur la planète pour toutes les espèces humaines, animales ou végétales. Et cela, nous ne pourrons pas le réussir en laissant les injustices déraper, dériver, au gré des délires capricieux des gens qui ont le pouvoir et l'argent, pour principaux moteurs.

Il y a plusieurs facettes, phases et lieux d'existence des injustices, ce que nous verrons dans les prochains chapitres, mais devons-nous pour autant renoncer, nous dire qu'équité et intégrité ne sont pas de ce monde ?

Chaque pouce de terrain que nous gagnerons en faveur de plus de justice sera un grand pas pour l'humanité.

Ma philosophie des injustices m'a appris qu'il ne faut pas compter sur la justice rendue par l'Homme pour y mettre fin. Elle est là pour tendre vers la vérité, en partant du mensonge. Autrement dit rendre le mensonge moins mensonger, en vue d'atténuer le plus possible la sanction dont il pourra être passible.

La lutte contre les injustices est une affaire personnelle. Elle est fortement consommatrice d'énergie ; elle plonge dans de terribles déceptions ; elle peut certaines fois apparaître comme bien inutile et pourtant.

Peu importe les critiques, peu importe les moqueries, peu importe le parcours de vie que nous nous rendrons particulièrement difficile, le plus important est de nous sentir en paix avec nous-mêmes.

En synthèse, si je devais trouver une leçon tirée de ma philosophie des injustices, elle serait celle-ci :

- Il y a plusieurs formes d'injustices, les petites, les moyennes, les grandes, selon notre vécu, notre perception, notre sensibilité. Mais il n'y a qu'une seule façon de lutter contre : l'intégrité !

- Honnêtes avec nous-mêmes et avec les autres, nous parviendrons, tel le sculpteur, coup de burin après coup de burin, à dessiner les contours d'un monde plus juste, d'un monde plus humain.

- Tout se mime aujourd'hui, alors mimons l'honnêteté, l'intégrité, pour plus de justice.

- Et pour atteindre notre but, déroulons ensemble un parcours de vie et voyons là où les actions à initier seront les plus opportunes et les plus efficaces.

Les injustices du parcours de vie

Vouloir noircir le tableau des « *in-justices* » serait aller à la facilité, tellement elles sont présentes dans chacune des étapes de nos parcours de vies.

Aussi, il m'a semblé pertinent d'évoquer ici les injustices qui touchent la majorité d'entre nous, et de mettre de côté celles ressenties en fonction des situations auxquelles nous avons à faire face, singulièrement.

Durant mon parcours « *philosophique* » avec les injustices, ajusté avec le temps, je suis allé à la recherche de leurs caractéristiques spécifiques, en vue de tenter de les « *disséquer* », sans être influencé par mon propre vécu. Analyser d'abord et agir ensuite de manière ciblée.

Pas seul bien évidemment, car j'aurais été une goutte d'eau dans un océan, mais avec l'aide de ceux qui ont choisi, comme moi, la justesse et la justice, comme trajectoires de vie.

Ma démarche a consisté, dans un premier temps, à trouver des synonymes à « *in-justices* » afin de ne pas éluder la moindre de leurs caractéristiques « *flagrantes* » et dans un second temps, à balayer leurs lieux de prolifération, en vue de connecter les différentes formes d'injustices aux contextes qui les nourrissent.

Ainsi, j'ai extrait les synonymes suivants, qui précisent et imagent le mieux les injustices, dans la philosophie générale que j'ai tenté de me faire d'elles :

➢ Abus, dommage, favoritisme, inégalité, irrégularité, malveillance, partialité, passe-droit, préjudice, scélératesse, tort, usurpation.

En relevant ces synonymes, véritables angles d'attaque dans l'esprit d'un battant, j'ai eu la confirmation de ce que je pensais, depuis bien longtemps :

« Les injustices sont fortement attachées au comportement de l'Homme, comme le comportement de l'Homme est fortement attaché aux injustices ».

Abuser, favoriser, causer des préjudices, faire preuve de malveillance, utiliser des passe-droits, sont dans les chromosomes de l'Homme dans sa relation avec autrui, privée comme professionnelle. Et qui plus est quand il existe un lien affectif ou un lien de subordination.

L'Homme commet et multiplie, à son gré, les attitudes et les actes injustes qu'il essaie, adroitement ou maladroitement, de réparer ou de faire réparer, pour en commettre d'autres, tel un cercle vicieux, à la recherche constante de sa vertu.

Les injustices sont en fait, pour l'Homme, le mal incontournable pour apprécier et faire apprécier la valeur du bien.

Seulement voilà, le bien et le mal n'ont pas la même signification et portée pour tout le monde. Les uns verront du bien dans le mal et les autres du mal dans le bien.

La nature humaine est si complexe que la perception même des injustices peut être différente, selon les individus. C'est d'ailleurs ainsi qu'elles se perpétuent, en toute légalité, normalité, depuis des décennies.

Pourtant, elles ont des caractéristiques et des lieux de praticité bien à elles.

Captons-les dans le déroulement d'un parcours de vie, afin d'essayer d'en comprendre le mécanisme.

La première des injustices n'est-elle pas celle de la naissance ? Ouvrir les yeux à la vie est-il vraiment un « *cadeau* » pour celui ou celle qui naît ?

Il/elle ne choisit pas son nom, ses prénoms, sa famille, ou de ne rien avoir de tout cela - cas des enfants nés sous X, son lieu de début de vie, son état de santé, son statut social, son rang dans la famille : ainé, cadet, benjamin. Dès le premier cri, il/elle entre dans un moule qui conditionnera, emprisonnera sa singularité, au point parfois d'aller jusqu'à réveiller son esprit rebelle.

Ce n'est pas pour rien que certains enfants attendent leur majorité pour claquer la porte et voler de leurs propres ailes.

Il y a des enfants qui naissent dans un milieu aisé, avec leurs routes quasiment tracées et d'autres dans un milieu précaire, avec leurs galères quasiment inévitables. Et pourtant ce sont, à la base, tous des enfants.

Si nous devions la nommer, nous pourrions l'appeler : « *L'injustice de la naissance.* »

Sans vouloir faire un procès d'intention aux parents, nous pouvons néanmoins leur trouver une certaine dose d'irresponsabilité à concevoir des enfants, sans s'être vraiment assurés de leur capabilité à leur faire vivre le meilleur, dès leurs premiers pas dans la vie.

Un enfant, garçon ou fille, n'attend pas bien longtemps avant de plonger dans le bain des injustices. Certes, il n'en aura vraiment conscience que quand il sera confronté à d'autres enfants, mais cela peut intervenir très vite, notamment s'il a des frères et sœurs, des copains et copines. Les injustices ont leurs références, leurs miroirs, leurs codes.

Ensuite vient le temps d'aller à l'école, là où elle existe, pour apprendre à lire, à écrire, à dessiner, à compter. Ici encore, l'enfant n'aura pas le choix, ni de la méthode, ni de la fréquence, ni du contenu, ni du lieu, ni de qui lui enseignera tout cela. De toute manière, il n'est pas en âge de décider, alors les autres décident pour lui. Injustice ou contrainte naturelle et incontournable ? Les autres le font, alors, c'est tout à fait normal que lui le fasse aussi.

Ce passage par l'école est une phase déterminante du parcours de vie et le premier grand foyer des injustices, car tout est conçu en mode « *éliminatoire* ». Seuls les meilleurs accéderont au meilleur ! Un élitisme qui peut avoir de terribles effets dévastateurs.

Et parmi elles, les « *devoirs maison* » qui confrontent directement les enfants à leurs conditions de vie, celles qu'ils n'ont pas choisies, mais qui leur sont imposées par leurs parents et les situations qu'ils vivent ou traversent.

Les enfants de riches réuniront toutes les conditions pour faire et réussir leurs devoirs, les enfants de pauvres devront prendre leur courage à deux mains pour les faire sur un coin de table, ne jamais trouver personne pour les aider et ne devoir à quiconque leur détermination à vouloir réussir, malgré les circonstances défavorables.

Les uns ont la réussite, quasiment livrée sur un plateau, et les autres doivent aller la chercher à la plus haute branche de l'arbre de la vie. L'éducation, soi-disant « *équitable* », est un véritable fiasco depuis des décennies, malgré des enseignants de grande qualité et méritants.

Il faudrait bien plus qu'un livre pour traiter exhaustivement du sujet. L'enfant n'est pas maître de son mode d'éducation. Il se doit d'entrer et de respecter un cadre qui peut s'avérer ne pas être le bon, avec toutes les conséquences pour lui tout au long de sa vie, même si rien n'est perdu d'avance pour ceux qui ne renoncent jamais, malgré les conditions, l'adversité, les injustices. Elles sont dans leur vie pour les rendre plus forts.

« *L'injustice de l'éducation* » est la seconde grande injustice, après celle de la naissance, qui conditionne à elle seule la plupart des autres, qu'elles soient réelles, majoritaires ou vécues comme telles.

Et voici venu le temps de sanctionner le parcours éducatif, afin de lui donner une orientation. Pour cela, l'Homme a inventé les diplômes.

Malgré l'importance qui leur est donnée par la société, pour ne pas dire le système, que sont vraiment les diplômes ? Des passeports ? Des photos à un instant T d'un niveau de connaissances acquises ? Des outils de sélection impitoyables qui interdiront l'accès à des postes clés aux étudiants qui auront les pires difficultés à les obtenir ?

Sélectionner les étudiants sur des contextes d'apprentissage inégaux est en soi une véritable injustice *« sociétale »*. Comment réussir à obtenir un diplôme, en débutant son parcours avec un handicap contextuel important ?

« L'injustice des diplômes », bien qu'elle soit très liée à l'éducation, est la troisième grande injustice du parcours de vie.

N'est-elle pas franchement hypocrite cette société qui fait croire à la recherche de l'égalité pour tous, alors qu'elle se nourrit du contraire depuis des décennies ?

Dès l'enfance et l'adolescence, c'est à un monceau d'inégalités qu'elle confronte, encore une fois en toute conscience ou inconscience, car comme indiqué plus haut, la perception des injustices ou des inégalités peut être différente, selon les personnes.

Avec des ratés au démarrage, le chemin sera terriblement long et parsemé d'embuches.

Arrive dans le parcours de vie, le moment de s'assumer, de fonder une famille, d'avoir un revenu.

Fonder une famille passe par connaître et vivre avec un compagnon, un conjoint, par aimer. Quoi de plus fragile que la vie à deux quand, comme la naissance et l'éducation, elle est rapidement confrontée à des contextes déséquilibrants et stressants, perturbant cette sérénité indispensable à sa consolidation.

Même si l'amour n'est pas une injustice en soi, sauf situations exceptionnelles, il a bien souvent du mal à résister à l'érosion du temps et aux accidents/incidents de la vie, si fréquents dans ce monde égaré, en quête d'une direction, d'un sens. Sans compter l'influence de l'environnement familial qui est loin d'être neutre dans la réussite ou l'échec d'une relation de couple.

Des couples tiendront parce qu'ils sont bien entourés, parce qu'au moindre souci, ils auront une famille derrière eux pour les aider. D'autres couples connaîtront la séparation, avant ou après avoir eu des enfants, parce la vie sera devenue bien trop difficile à vivre à deux pour eux.

Un phénomène qui ne cesse de s'accentuer depuis des années. À qui la faute ? À la modernité ? À l'envie d'avoir au moins ce que les autres ont ? À pas de chance ? Certainement à un peu de tout cela.

Vies en et de couple difficiles, séparations parfois douloureuses, mais pas de grandes injustices en elles-mêmes, hormis le fait de ne pas pouvoir choisir sa famille ou sa belle-famille.

Mais que dire de la vie au travail, et plus particulièrement en tant que salarié ?

Quelle autre injustice profonde que celle de consacrer des années de sa vie, et parfois l'essentiel, à l'enrichissement *« personnel »* d'un ou de plusieurs dirigeants et de devoir aller jusqu'à se mettre à genoux, pour être rémunéré à sa juste valeur, à son juste talent, être simplement reconnu, considéré et respecté.

« Se soumettre ou se démettre » est bien souvent la seule alternative qui existe dans un lien de subordination, même si les choses évoluent avec des structures à taille humaine, fonctionnant en mode collaboratif et permettant à la passion pour son métier de s'exprimer en toute autonomie et créativité.

Rien de plus frustrant et injuste que de ne pas pouvoir apporter son talent à l'édifice. Et pire encore, de voir des gens *« incompétents et/ou fainéants »* être promus, augmentés, parce qu'ils sont les *« favoris »* des managers, des dirigeants.

Certains auront la vie professionnelle facilitée, notamment ceux qui sont issus de milieux aisés, car nous savons combien cela est un atout précieux dans le monde du travail, et ce dès l'embauche.

D'autres la vivront dans la résignation ou au contraire dans la détermination à vouloir inverser la donne, malgré l'adversité. Le *« mérite exemplaire »* revient toujours à ceux qui ont su braver les interdits, les injustices, de la vie.

« L'injustice du travail » est la quatrième grande injustice du parcours de vie.

À ce stade, un point d'étape s'impose, car comme indiqué en début de chapitre, loin de moi l'envie de noircir le tableau et de me laisser griser, par les épreuves injustes que j'ai traversées.

Il est clair, à la lecture de ce qui précède, que la vie est, à l'exception des gens nés avec une cuillère en argent dans la bouche, une sorte de cadeau empoisonné, avec son lot d'injustices : naissance, éducation, diplômes, travail.

Pourtant, nous sommes des millions à les vivre ces injustices et à y survivre.

Pourquoi ?

Parce que nous n'avons pas vraiment le choix, même si certains affirmeront le contraire.

Le monde cultive les injustices depuis des millénaires et ne changera pas de sitôt, pire encore, les aggravera. *« Accepter et avancer ou lutter contre et s'épuiser »*, tel est le sort de la grande majorité d'entre nous, même si cela peut paraître restrictif, comme point de vue.

Parce qu'aussi, nous n'avons pas le droit de nous plaindre, alors que des personnes sont handicapées, atteintes de maladies graves, touchées par des guerres, des famines, des atrocités. La vie est sans pitié et profondément injuste quand elle réserve le meilleur aux uns et le pire aux autres.

Si nous regardons de plus près, les injustices, dans leur grande majorité, sont la fabrication de l'Homme lui-même. Il a construit une jungle, peuplée de prédateurs et de lianes, ces dernières permettant aux plus forts et aux plus audacieux de survivre, en passant par-dessus les dangers.

Il y a ceux qui surfent sur la vague et ceux qui sont emportés par elle.

Le plus grand nombre n'a pas d'autres choix que d'accepter les injustices, essayer de vivre avec, lutter contre mais sélectivement pour ne pas s'épuiser, et parfois même les mettre à son service, ainsi que celui de ses proches : profiter des injustices.

Il est dit que nous sommes les acteurs de nos vies, qu'il n'appartient qu'à nous de faire qu'elles soient heureuses.

Oui, très certainement.

Seulement, ceci est inégal, notamment à travers le chemin à parcourir pour y arriver qui n'a pas la même longueur et le même relief pour tout le monde.

La majorité d'entre nous l'entame avec des boulets aux pieds et une minorité part, libre comme l'air, avec un maximum d'atouts de son côté. Cela ne veut cependant pas dire que les premiers ne réussiront pas leurs vies et les seconds les réussiront à tout prix. Les exemples qui le confirment ne manquent pas.

Plutôt ardu de présenter un tableau « *édulcoré* » des injustices et encore plus quand la perméabilité à elles est très forte. Bien souvent parce qu'elles ont été subies de plein fouet, dès le début du parcours de vie et n'ont fait que s'accentuer au fil de son déroulement.

Nous pouvons, égoïstement mais aussi par instinct de protection, minimiser l'impact de certaines injustices ; nous dire qu'elles ne touchent que les autres ; penser que lutter pour plus de justice est peine perdue, des coups d'épée dans l'eau qui épuisent bien plus qu'ils ne résolvent ou ne rapportent.

Les gens qui ont accumulé des fortunes considérables estiment, pour une partie d'entre eux, l'avoir principalement fait pour se mettre à l'abri du besoin, ainsi que leurs proches. Et dans *« à l'abri du besoin »*, il faut lire entre les lignes *« à l'abri des injustices »*.

Ne rien devoir, ne rien demander à personne, sont, en quelque sorte, des parades aux injustices.

Dès lors que nous sommes demandeurs, que nous faisons appel à, nous nous exposons à des refus. Refus qui peuvent, par les raisons qui les ont motivés, constituer de véritables sources d'injustices.

La dépendance, sous toutes ses formes, expose aux injustices. Elle empêche le choix ou, tout du moins, le limite considérablement.

Et sans la possibilité de choisir, nous sommes les proies de ces prédateurs, à visages multiples comme les Pervers Narcissiques, qui profitent des situations les plus injustes pour y rajouter leur propre couche, tel un millefeuille.

« La culture des injustices » s'est installée pour un bon moment, dans ce monde qui aime faire mal pour agir ensuite en *« sauveur mercantile »*. Le mal est gratuit, mais le bien s'achète.

En synthèse, les injustices étant majoritairement inévitables, quelles sages résolutions devons-nous prendre, pour ne pas être consumés par elles ?

➢ Les accepter et les relativiser quand elles sont incontournables, quand elles sont des non-choix.

➢ Lutter contre, dans la mesure où une marge de manœuvre existe pour le faire, une fenêtre de tir.

➢ Éviter d'en créer par nos comportements, d'en rajouter d'autres.

➢ Apprendre à mieux nous connaître, à avoir une lecture moins *« nocive ou toxique »* des injustices.

➢ Nous dire que tant qu'il y a de la vie, il y a la possibilité de limiter notre dépendance, donc notre vulnérabilité aux injustices.

➢ Regarder un peu moins ce qui se passe chez les autres, parce qu'une bonne part des injustices que nous ressentons existe par comparaison. Il y a toujours plus heureux que nous, mais aussi bien plus malheureux.

« Inégalités » est le synonyme qui résume le mieux les injustices dans la juste appréciation que nous pouvons avoir d'elles.

Travaillons ensemble à les réduire le plus possible. Ce qui est loin d'être chose facile, mais profondément salutaire pour l'Humain. La solidarité dans l'action en est l'un des passages obligés. Soyons des rassembleurs, des fédérateurs.

Les injustices qui touchent le plus grand nombre, lorsqu'elles sont *« courageusement »* dénoncées en masse, ont du plomb dans l'aile. Il y a une certaine forme de lâcheté chez les pourvoyeurs d'injustices à jouer avec le côté mineur de l'adversité, pour continuer à les entretenir, en toute tranquillité, voire impunité.

En revanche, dès lors qu'un intérêt individuel non satisfait crie à l'injustice, moins de voix s'élèvent pour la dénoncer, car la victimisation fait rarement recette.

« Ce n'est pas parce qu'on craint de la commettre, mais c'est parce qu'on craint de la subir que l'on blâme l'injustice. »
Platon

La sagesse du juste face aux injustices

Voici, en préambule, les cinq citations que j'ai choisies pour étayer le présent chapitre :

« Supportez l'injustice qui vous frappera, et n'oubliez jamais qu'elle ne vous dispense pas d'être juste envers les autres. »
Pigault-Lebrun - La folie espagnole (1799)

« L'esprit ne peut être juste, si le cœur n'est droit. »
Jean-Jacques de Lingrée - Les réflexions, pensées et maximes (1814)

« Appliquez-vous à garder en toute chose le juste milieu. »
Confucius - Les entretiens - VIe s. av. J.-C.

« Des lois sont justes, non quand elles sont observées par tous, mais quand elles ont été faites pour tous. »
Sénèque - Lettre à Lucilius - env. 64 ap. J.-C.

« Celui qui se soumet aux lois est juste, et celui qui les enfreint est injuste. »
Adolphe d'Houdetot - Dix épines pour une fleur (1853)

Qu'est-ce qu'un juste ?

Il y en a eu de célèbres dans l'histoire, notamment en temps de guerre, qui ont épargné de nombreuses vies humaines. Mais pas si nombreux que cela, comparativement à cette cruauté aux facettes multiples, visibles ou sournoises, transportée à travers les siècles.

La première réponse qui m'est venue à l'esprit a été : une créature céleste.

Qui sont, aujourd'hui, ces hommes et ces femmes qui *« méritent »* tous ces qualificatifs ou la plupart d'entre eux :

> Intègre, loyal, honnête, impartial, consciencieux, rationnel, authentique, intelligent, logique, pertinent, précis, bon, solidaire, sensible, empathique, unique.

Ceux qui réunissent ces valeurs ne peuvent être que des sages parmi les sages, en parfaite écoute de leurs voix intérieures, mais aussi en paix avec eux-mêmes et avec les autres.

Le juste se soumet aux lois, comme l'a écrit Adolphe d'Houdetot.

Mais les lois sont-elles justes ? Au demeurant oui, car elles sont en principe faites pour tous : cf. la citation de Sénèque.

Le juste, retenu pour exemple dans ce chapitre, n'est pas un sage proprement dit, mais un homme ou une femme au grand cœur, qui ne se dispense pas d'être juste avec les autres, malgré les injustices qui le frappent : cf. la citation de Pigault-Lebrun.

Le juste ne rend jamais à César ce qui appartient à César, si ce qui appartient à César est illicite ou injuste à ses yeux.

C'est par sa singularité qu'il se distingue des autres. Alors que certains abritent leurs agissements derrière les pratiques courantes, licites ou illicites, le juste, lui, ne franchit jamais la ligne rouge.

Je me rappelle ce dirigeant qui m'a demandé de faire émarger, par mes équipes, des feuilles de présence à des formations qui ne se sont jamais tenues, afin que la société perçoive des subventions, en me soutenant que c'était pratique courante.

Il a essuyé un refus catégorique de ma part et m'en a voulu jusqu'à mon départ forcé.

Agir avec justesse, dans un monde où les injustices s'en donnent à cœur joie, est un acte éminemment courageux qui précipite malheureusement trop souvent vers la porte, lorsqu'il s'opère en milieu professionnel.

En analysant l'exemple ci-dessus, je me suis rendu compte de l'ambigüité à être juste. En agissant comme je l'ai fait, j'ai incontestablement servi une autre société qui aurait pu être privée de subventions, alors qu'elle se serait strictement conformée à la loi. Mais j'ai aussi desservi la société qui m'employait et qui aurait pu utiliser les subventions pour des actions pouvant être profitables à toute l'équipe.

Pour reprendre la citation de Confucius : « *Appliquez-vous à garder en toute chose le juste milieu.* », le juste doit s'efforcer de peser le pour et le contre, sans commettre un délit d'injustice ou d'absence de justesse.

Autre paradoxe comportemental, le juste ne peut pas s'ériger en « *justicier* ». Sinon, il empiète sur la justice dont c'est le rôle. Pourtant, sa conscience lui interdit d'être aveugle aux comportements injustes.

C'est là que la sagesse du juste va s'exprimer dans tout le discernement qui l'accompagne.

Son cœur et sa raison vont le guider vers les meilleures décisions à prendre et les meilleurs arbitrages à faire.

Durer en tant que juste, avec tous les risques que cela comporte ou se protéger, en pactisant avec ceux qui ne voient pas d'injustices dans ce qu'ils font, parce que le monde est structurellement injuste et que la justice est censée être là pour corriger les déviances ?

En revanche, le juste ne s'illustre pas par son absolue conformité à la loi. Il sait pertinemment que toutes les lois ne sont pas appliquées avec justesse et que l'Homme prend un malin plaisir à les contourner, dans un jeu du chat et de la souris ou du pas vu pas pris, qui peut s'avérer périlleux.

Il fait généralement ce qui semble juste à ses yeux, en fonction des personnes et des situations auxquelles il a à faire face. Il est en quelque sorte un régulateur du processus justice vs injustices.

En homme ou femme de cœur, il lui arrive souvent de faire passer la générosité, sans calcul, avant la raison. Il n'est pas à l'abri d'erreurs d'appréciation, mais il sait combien elles sont apprenantes et incontournables, sur le chemin de la sagesse.

Ce qui est sage n'est pas toujours juste, mais ce qui est injuste ne peut être sage.

Être juste, malgré les injustices et ce mimétisme si courant, est une véritable *« hygiène de vie »,* imposée à soi-même.

Le juste a besoin de se convaincre, mais aussi de convaincre les autres. Autant d' *« apôtres de la justice »* il fera, mieux il se portera.

Il est le véhicule du bien, sans être le justicier du mal. Il marche sur un fil avec une barre de funambule, en tentant de toujours trouver le meilleur équilibre entre ce qui est juste et bon et ce qui est injuste et toxique.

Hors la loi ou en bordure de la loi, il saura être dans des situations exceptionnelles, par exemple, quand l'intérêt individuel ne se met pas au service de l'intérêt collectif.

Avec l'expérience partie à la rencontre de la sagesse, le juste se forge un mental de champion pour résister à toute la pression qu'il ne manque pas d'avoir autour de lui et qui tente de le pousser à rentrer dans le rang, celui des gens qui ont un certain détachement face aux injustices.

Le juste, même arrivé à la frontière de la sagesse, reste très attaché à sa liberté d'expression et à son franc parler. Comme indiqué précédemment, il n'a pas peur de s'exposer. Intimidé et parfois même censuré, il l'est et le sera de par son audace à dire tout haut les vérités que beaucoup pensent tout bas.

Alors que les injustices sont assez mutantes, le juste a toujours un comportement égal et lisible par tous.

Les leaders réunissent bien souvent les qualités du juste, en orientant leurs actions vers l'autre, en toute transparence et intégrité.

Si nous sommes tous différents, nous pouvons avoir tendance à vouloir cacher, gommer, tout ou partie de ces différences, notamment quand elles peuvent nous porter préjudice, nous marginaliser, dans ce monde qui dépersonnalise à outrance, pour ne pas dire déshumanise.

Le juste est fier de ses différences, de sa singularité. Il ne gomme pas, il accentue et montre l'exemple. Les injustices qui le frappent directement sont autant de motivations pour lui à les épargner aux autres.

Il n'adopte jamais une posture de victime. Ce serait donner raison à ceux qui voient des injustices partout et qui, en agissant ainsi, les banalisent.

C'est dans son cheminement vers la sagesse, vers la connaissance de soi, qu'il apprend à tempérer ses émotions, en réaction aux injustices, comme celle de la colère, de l'indignation.

Rien ne rebute le juste quand il s'agit d'œuvrer pour plus de justice, mais l'inertie en face est tellement forte que trouver le juste milieu, le juste équilibre, est pour lui salutaire, afin de ne pas y laisser toutes ses forces et toutes ses illusions.

« Appliquez-vous à garder en toute chose le juste milieu. »
Confucius - Les entretiens - VIe s. av. J.-C.

Avant de rencontrer la sagesse au terme de son périple, le juste commet un certain nombre d'erreurs. Il va chercher dans les injustices, leurs excès. Ce qui a pour effet de le sortir de ses gongs et parfois même de le faire agir, se comporter à contresens de l'objectif *« bienveillant et équilibrant »* qu'il souhaite atteindre.

Ce qui est injustice pour lui peut ne pas l'être pour l'autre. Il y a des personnes qui se satisfont, par exemple, de travailler avec des gens pourvoyeurs d'injustices, dans la mesure où elles ne les atteignent pas directement. L'égoïsme cohabite avec les injustices dans une sorte de *« cela n'arrive qu'autres »*.

Cette affirmation d'un ami cher restera pour toujours dans ma mémoire : *« Nous ne changerons pas le monde en l'affrontant de face, mais en le travaillant de l'intérieur. »*

C'est bien toute la différence entre un juste face aux injustices et un insurgé contre elles.

Au début du chemin vers la sagesse, nous avons tendance à prendre les injustices *« brut de décoffrage »* et surtout celles qui nous affectent directement. Nos émotions dominent nos opinions.

Notre premier réflexe est de ne pas les comprendre. Nous faisons appel à notre bon sens, à notre pragmatisme, sans forcément penser qu'il n'est pas celui de tout le monde. Ce n'est pas parce que quelqu'un agit de manière différente qu'il est injuste.

Les injustices ne peuvent être valablement analysées en surface, elles doivent l'être en profondeur, un peu le même processus que celui de la prise de décision.

Ce n'est pas pour autant que nous ne sommes pas justes, mais nous avons simplement besoin d'un peu de temps, donc d'expérience, pour *« juger »* les injustices avec justesse.

Dans l'évolution vers un meilleur discernement à évaluer les injustices sans trop les personnaliser, il pourrait y avoir plusieurs qualificatifs pour les justes : les justes révoltés, les justes modérés et les justes sages.

Voici quelques situations où le juste *« modéré et bientôt sage »* trouve le bon compromis entre sa volonté d'aller vers plus de justice et de justesse, et sa capacité d'adaptation à un milieu particulièrement ouvert aux injustices.

Le juste est en période d'essai. Il comprend très vite que ce qui lui a été présenté lors de l'entretien d'embauche n'est pas vraiment la réalité à laquelle il a à faire face. Son manager est politique, il a ses têtes. Le juste est équitable. Aussi quelles sont les options qui se présentent à lui ?

1. Il reconnait s'être trompé et met fin à sa période d'essai.

2. Il se dit que les managers sont quasiment tous comme le sien et à lui de faire avec.

3. Il décide de montrer ce dont il est capable, de bonifier la confiance que son manager a mise en lui en le recrutant et ensuite de lui dire ce qu'il pense de lui, avec toutes les précautions de forme.

À l'évidence, c'est l'option 3 qui semble la plus raisonnable et c'est celle que le juste modéré choisira, sans pour autant avoir une garantie résultat, mais au moins il aura essayé.

La capacité d'adaptation est essentielle, mais assez mise à mal dans les environnements perméables aux injustices. Difficile pour le juste de se faire une raison, de fermer les yeux. Durer pour tenter d'améliorer, de remettre de l'équité ou partir avec le sentiment de s'être trompé ?

Les deux choix ont du bon. Le premier permet de façonner sa capacité d'adaptation à un milieu *« hostile »* en termes de densité des injustices, et d'être dans la nuance. Le second permet lui d'éviter d'user toute son énergie à vouloir faire sa place, dans un milieu qui n'est vraiment pas le sien, et d'être dans la préservation de soi.

Il n'y a jamais de bons ou de mauvais choix, au moment même des choix. C'est bien après que nous pouvons le mesurer.

Le juste se doit de veiller à prendre des décisions justes pour lui-même. Ainsi, il pourra être juste avec les autres, et par mimétisme faire que les autres soient aussi justes avec lui. La justesse n'est pas unilatérale, elle est réciproque. Si cette réciprocité n'existe pas ou à les pires difficultés à se mettre en œuvre, la seule issue possible, pour le juste, est de changer d'air.

Autre situation qui met le juste face à ses responsabilités.

Le juste est en conflit, peu importe avec qui. Il est certain d'avoir raison et il a réuni tous les arguments pour le prouver. Pourtant son adversaire lui résiste, soit activement, soit passivement. Chacun pense donc être dans son droit et maintient sa position. Aucun accord amiable n'est possible.

Quelles sont les alternatives pour le juste ?

1. Abandonner. Inutile de s'engouffrer dans une procédure dont l'issue est plus qu'incertaine.

2. Engager une procédure de justice et déléguer sa défense, afin de lui retirer tout caractère émotionnel, en espérant avoir gain de cause, au moins partiellement.

Dans ce cas précis, c'est l'enjeu qui fera la décision !

Si le juste juge que son préjudice est lourd, il fera tout pour qu'il soit réparé. Nous sommes là dans une dimension importante des injustices, le préjudice.

Ce préjudice qui peut être moral, de santé, matériel ou les trois à la fois. Nous le verrons dans un prochain chapitre, nous n'allons pas en justice seulement par fierté, mais surtout pour faire valoir nos droits et obtenir réparation. Les injustices qui conduisent à la souffrance psychologique et physique sont bien souvent des injustices non réparées, bien plus que mal réparées.

Face à la justice, le juste apprendra la patience, parfois même à mentir. Les textes sont rationnels, mais la justice rendue par l'Homme ne l'est pas toujours.

Nouvelle situation.

Le juste est le témoin d'une maltraitance d'autrui, au travail, dans la vie privée, ici ou ailleurs dans le monde. Il ne l'accepte pas et doit se donner les moyens d'agir, bien plus que de réagir.

L'injustice se déporte, elle n'est plus celle faite à soi, mais celle faite aux autres. Le juste va devoir trouver le bon compromis, le bon équilibre, prendre la juste décision.

1. Se limiter au constat, penser que ce n'est pas de son ressort, laisser faire.

2. Agir parce que l'injustice touche un proche, un collègue, un ami, non pas directement auprès du responsable, mais en apportant son soutien à la « *victime* ».

3. S'engager en tant que bénévole dans une association de lutte, si la maltraitance concerne plusieurs personnes.

La première option est immédiatement écartée. Ce n'est pas dans les gènes du juste d'observer sans tenter d'agir. Soit il le fait de suite, soit il le fait plus tard, mais il le fait.

La seconde est naturelle chez le juste modéré qui ne se présente pas en justicier, mais en sauveur. Du moins, il essaie. L'empathie, et bien plus, la compassion, l'habitent au plus profond de lui-même.

À la différence du juste révolté, il cherchera à comprendre, avant de soutenir aveuglément. Ce n'est pas rendre service que de laisser une victime croire qu'elle l'est, donc entretenir sa victimisation.

Le juste fera preuve d'écoute, de pédagogie. Un peu comme un chirurgien, il s'évertuera à extraire ce mal qui ronge son proche, son ami, son collègue, afin qu'il retrouve toute sa lucidité, son discernement. Si la maltraitance est verbale, le juste travaillera sur les mots prononcés, sur l'importance qui leur a été donnée. Si elle est physique, il délivrera les meilleurs conseils pour agir auprès des autorités compétentes. Dans tous les cas, il ne laissera pas sans solutions.

C'est en cela que l'apport du juste est considérable. La bonté, la générosité, sont d'excellents antidotes, face à ce poison que sont les injustices, en particulier pour les gens sensibles qui ont l'intégrité et l'altruisme, pour conduites.

L'injuste se trouvera toujours de bonnes raisons de l'avoir été, de l'être et de continuer à l'être. Il considèrera bien souvent que c'est la perception de l'autre qui en fait une injustice.

N'oublions pas que l'injuste joue toujours sur la loi du plus grand nombre. Dès lors que ce grand nombre ne dit rien, c'est celui ou celle qui dit qui se trompe. Enfin l'injuste est généralement malin, bienveillant et hypocrite, dans son propre intérêt et de celui de son clan.

La troisième est dans la continuité de la seconde. Sensible à la maltraitance de ses proches, le juste le sera aussi vis-à-vis de l'humain en général, partout où il se trouve.

Rejoindre une association humanitaire, en tant que bénévole, sera pour lui sa pierre apportée à l'édifice en faveur de plus de justice et d'équité dans le monde. Quinze pour cent de personnes justes qui se rassemblent et unissent leurs actions peuvent changer la justice du monde. Les gens de pouvoirs se bougent généralement quand la pression en masse est là. Ils en ont peur d'ailleurs.

L'équité pour tous, donc un sérieux coup d'arrêt donné aux injustices, ne viendra pas par l'opération du Saint-Esprit. Nous avons tous un rôle à jouer, en particulier dans la prévention. Et les leviers, nous les connaissons, ils sont divers et variés.

Partout où nous nous trouvons est une occasion pour agir pour plus de justesse, donc de justice. Être égoïstes est devenir des complices, actifs ou passifs, des injustices, sachant que l'égoïsme est un des facteurs de prolifération de ces dernières, avec le laxisme ou l'irresponsabilité.

C'est une obligation et un devoir « *humains* » que de venir au secours des personnes fragilisées, parce qu'elles sont surexposées aux injustices, bien souvent faute de moyens pour pouvoir les détecter et les réparer. Elles finissent même par les accepter, comme une sorte de fatalité.

Dans ce monde, le rôle du juste est primordial, et qui plus est quand il a atteint un niveau élevé de sagesse. Capable d'évoluer dans des milieux hostiles à ses valeurs, à l'inverse du juste révolté, il saura faire le dos rond, se faire apprécier, gagner la confiance de ceux qui détiennent les clés du château des injustices, des inégalités : politiques, dirigeants, privilégiés, organisations sectaires.

Il fera s'abaisser le pont-levis, ouvrir les portes et s'introduira pour commencer son travail, tel un agent double. Il fera croire aux pourvoyeurs d'injustices qu'il est à leur service, alors qu'il est au service de ceux frappés de plein fouet par les injustices.

Sa mission ne sera pas facile, parsemée d'embuches. Les injustes qui se disent justes savent très bien se servir et se camoufler derrière le cadre établi, qu'il le soit par les textes ou par les usages. Ils peuvent aller jusqu'à normaliser les injustices, les institutionnaliser. « *C'est comme cela et pas autrement !* » est présent dans leur vocabulaire.

Les sommets sont atteints lorsque les clés du château sont confiées à des gens qui ont une vision très éloignée et très technocratique des réalités terrain ou opérationnelles.

Ils décident en méconnaissance de cause et les effets de leurs décisions en mode « *girouettes* » sont dévastateurs. À croire qu'ils n'ont aucune appréciation exacte - ou s'amusent avec - du temps nécessaire aux autres, pour mettre en œuvre ce qu'ils ont décidé, parfois à la hâte ou en mode crise.

Pourtant, ils ont des sages, des justes, autour d'eux, mais sont pour la plupart sous l'étau d'un système où la finance est incontournable et verrouille tout processus décisionnel. La finance n'aime pas les promesses faites dans des élans d'humanisme, car rien de plus froid et hermétique qu'elle. La quête du profit n'a pas d'états d'âme.

Le juste donne du temps, l'injuste prend du temps et beaucoup de temps, par son amateurisme, son instabilité, ses certitudes.

De là à dire que le pouvoir est aujourd'hui entre les mains de gens égoïstement injustes, il y a un pas que je ne franchirai pas, même si je ne suis pas loin de le penser. Ce sont tous des transfuges de la méritocratie, de l'élitisme et de l'esprit de clans. Difficile de s'intéresser, avec justesse, à des causes universelles comme les inégalités, sans savoir vraiment de quoi il s'agit concrètement et au quotidien.

S'il fallait résumer la sagesse du juste, face aux injustices, je vous propose ceci :

- Le juste qui a atteint un bon niveau de sagesse, donc à même de maîtriser ses émotions et d'éviter toute victimisation, n'acceptera jamais les injustices, quelles qu'elles soient, où qu'elles soient et vis-à-vis de qui que ce soit, mais refusera de les attaquer de front. Il tentera de les réduire de l'intérieur, en commençant par gagner la confiance de ceux qui détiennent les clés, donc le pouvoir de cette réduction. Et donnera de son temps, sans compter, pour soutenir les personnes fragiles, plus perméables aux injustices. Enfin, il sera un exemple de justice lui-même.

« Jamais on n'est grand qu'autant que l'on est juste. »
Nicolas Boileau

Les usines à injustices

Les injustices, les inégalités se perpétuent depuis des siècles. Elles sont sociétales et impactent chacune des étapes du parcours de vie, comme vu précédemment.

Elles se fabriquent, se développent et perdurent, dans de véritables *« usines à injustices »*.

Dans les textes, comme celui de la déclaration universelle des droits de l'homme, c'est un monde idéal qui y est décrit. Liberté, égalité et fraternité sont ses fondamentaux.

Mais la réalité est loin de tout cela, malgré de grandes avancées, obtenues bien souvent au prix de lourds sacrifices humains. Les injustices ont la peau dure. Seuls des soulèvements, des révoltes, ont pu, peuvent et pourront avoir raison de certaines d'entre elles, cultivées au sein même des institutions et autres organisations.

Ce qui est paradoxal est que les usines à injustices sont principalement les endroits où opèrent ceux qui sont censés les réduire, veiller à plus d'humanisme et d'équité, faire appliquer à la lettre les lois.

Plus précisément, les usines à injustices abritent les gens de pouvoirs, élus, nommés, promus, recrutés, diplômés des grandes écoles, qui oublient parfois un peu vite, pour une partie non négligeable d'entre eux, qu'ils sont là pour être au service de tous sans distinction, ni exception, partout : villes, campagnes, dans le respect des promesses tenues, des engagements pris ou à prendre, des obligations et des devoirs inhérents à leurs fonctions, à leurs positions.

Les « *tauliers* » des usines à injustices normalisent les comportements permissifs et disruptifs, s'autorisent à, vont jusqu'à lever les interdits dans le copinage et le favoritisme les plus « *nauséabonds* ».

Ils n'hésitent pas à s'attaquer aux libertés lorsqu'elles risquent de les desservir, eux et leurs clans.

Ils sont coutumiers de la manipulation, du mensonge, de la division, du mépris, de la mise plus bas que terre de leurs opposants. Plus les pouvoirs qui leur sont conférés sont grands, plus ils en abusent et s'abritent derrière pour affirmer et confirmer le caractère légal de leurs agissements.

Ils ont une telle estime d'eux-mêmes qu'ils se moquent de ce que la majorité pense, le principal étant de satisfaire ceux qui constituent leur garde rapprochée et dont ils ont besoin pour atteindre les objectifs qu'ils se sont fixés.

Le pouvoir subordonne, crée et entretient la dépendance. Cette dépendance qui restreint considérablement le champ des libertés individuelles.

Comment dire ce que nous pensons, nous révolter contre les inégalités, tout en étant liés, contractuellement ou moralement, à ceux qui les entretiennent, en faisant croire qu'ils luttent contre elles.

Première usine à injustices : le pouvoir et en particulier, les pleins pouvoirs !

Donner à un homme ou à une femme un pouvoir illimité, sur d'autres hommes et femmes, est une forme d'inconscience institutionnelle, structurelle, organisationnelle, ouvrant de manière quasi certaine à la contrefaçon de ce pouvoir.

Rares sont les gens au pouvoir qui respectent leurs promesses, leurs engagements, qui sont à l'écoute en permanence et qui savent remettre en question leurs choix, leurs comportements, avouer leurs erreurs.

Le narcissisme, l'égocentrisme, le favoritisme « *reconnaissant* », sont indissociables du pouvoir.

Le pouvoir en théorie est juste. Les dérives en termes d'équité, de neutralité, se trouvent dans son exercice où l'impartialité peine sérieusement à devenir sa conduite.

Les gens au pouvoir doivent et devront toujours quelque chose à quelqu'un. Ce besoin de « *remercier* » ceux qui ont permis ou appuyé leur ascension, professionnelle ou politique, les habite et influence sensiblement leurs décisions, leurs actions, tout au long de leurs mandats, de l'exercice de leurs fonctions.

Affirmer que les « *subordonnés* » des gens au pouvoir alimentent les comportements de ceux qui les dirigent serait un raccourci un peu facile.

Pourquoi ?

Parce qu'ils n'ont pas vraiment le choix. Tout a été construit autour et pour le pouvoir, sous toutes ses formes. La liberté individuelle est conditionnelle et conditionnée.

Les tauliers des usines à injustices savent parfaitement que moins ils laissent de liberté à l'autonomie, à la créativité, à l'initiative, plus ils gardent ce contrôle indispensable au renforcement des prérogatives de leurs pouvoirs.

Ce sont des « *verrouilleurs et des dégraisseurs* ». Les personnes perverses narcissiques nagent comme des poissons dans l'eau dans les usines à injustices.

Rien de plus frustrant pour un juste, et qui plus est avec du talent, de se retrouver dans une position où il doit obtempérer, être le bon élève de X, dire oui à tout. Plus la situation économique est critique, plus la dépendance au travail est grande et les injustices nombreuses.

Il y a d'excellents politiques, dirigeants, mais ils sont rares, même très rares, dès lors qu'ils sont à la tête de structures dont les instances gouvernantes sont éloignées des réalités du terrain. Les usines à injustices sont la plupart du temps *« centrales »*. Nous pourrions les nommer : les centrales à injustices.

Le pouvoir central rationnalise et ceci sans état d'âme. Il n'est pas à une injustice près quand il s'agit de transformer en mode rouleau compresseur.

De nombreux suicides ont résulté de changements opérés dans l'urgence, sans pédagogie, ni communication partagée, confiés à des dirigeants, des managers, qui ne l'étaient que par le titre. Bien plus qu'un pouvoir générateur d'injustices, c'est d'un pouvoir destructeur dont il convient de parler.

Des voix s'élèvent partout dans le monde contre ces pouvoirs centraux *« technocrates »* qui accroissent les inégalités, bien plus qu'ils ne les réduisent.

Des structures à taille humaine, collaboratives, se développent et l'exercice du pouvoir, des responsabilités, devient de plus en plus transverse et attentif aux réalités opérationnelles. L'agilité prend le pas sur la lourdeur et la proximité est privilégiée.

Mais la partie est loin d'être gagnée. Un véritable bras de fer est engagé entre une minorité avide de toujours plus de profit, peu importe les conséquences sur l'Humain, et une majorité à la recherche d'une juste répartition des richesses.

Les dérives propres à l'exercice du pouvoir sont bien à l'abri dans des structures qui, sur le papier, s'affichent comme les garantes de l'égalité, de la liberté et de la fraternité, mais dans les faits sont de véritables usines à injustices.

Le fonctionnement de la justice au regard des injustices sera abordé dans le prochain chapitre.

Analysons ici ce qui se passe au niveau des instances dirigeantes d'un état démocratique. Ces instances sont censées être justes, rassembleuses, impartiales, respectueuses des droits de l'Homme dans leurs intentions, comme dans leurs actions.

Mais le sont-elles vraiment ?

Non, sans la moindre hésitation ! En matière d'injustices, il n'y a pas de place pour l'approximation, c'est la tolérance zéro qui doit s'appliquer.

Les inégalités et les discriminations, en tous genres, se multiplient au fil des années.

Les richesses ne sont pas équitablement partagées ; les écarts de revenus entre les femmes et les hommes restent importants ; les accès à la culture, à l'emploi, aux nouvelles technologies, au logement, aux loisirs, à la santé, ne sont pas ouverts à tous ; la fiscalité est une foire aux injustices ; les villes ont complètement oublié les campagnes ; l'endettement atteint les sommets, même si la situation est différente selon les pays. Liste non exhaustive.

De nombreux pays, et pas des moindres, sont empêtrés dans des crises durables, des dettes publiques astronomiques, un taux de chômage élevé, une croissance en berne. Ils n'ont pas d'autres recours que de ponctionner sans relâche, pour ne pas dire assécher, les classes moyennes.

Même les crises sont injustes. Alors que tous les citoyens devraient être à la même enseigne, les inégalités de patrimoine s'accentuent de manière indécente, au regard de la précarité dans laquelle des millions de gens sont plongés. L'assistanat n'échappe pas aux injustices, avec une distribution « *politique* » des aides sociales.

Les salariés sont contraints de brader leurs compétences, avec des revenus tirés vers le bas. L'enseignement supérieur est clairement ouvert aux gens aisés, aux élites. Les injustices du parcours de vie s'en donnent à cœur joie.

Comment faire l'éloge du progrès au sens large, quand l'Humain est autant en insécurité, au niveau de ce qui est essentiel à sa vie.

La confiance dans les politiques fond comme neige au soleil tellement leurs bilans sont désastreux et leur partialité amnésique du fait qu'ils doivent, en toute intégrité, être au service de tous sans exception, sans discrimination.

La colère gronde, la violence s'infiltre dans d'inquiétantes dérives extrémistes.

La mondialisation a certes élevé le degré de complexité, mais elle ne peut être la raison de tous les maux sociétaux.

Sans vouloir être alarmiste, l'Humain est en grand danger. Seule une prise de conscience collective pourra changer la donne et éviter les chaos successifs de systèmes imbriqués qui montrent de sérieux signes d'obsolescence. Les acteurs doivent prendre largement le pas sur les observateurs.

Laisser-faire les gouvernants, les dirigeants, n'est plus possible quand cela se traduit par une recrudescence des injustices, des inégalités. Ils sont là pour inverser cette tendance, pas pour l'accentuer.

Les élections ne peuvent plus être des chèques en blanc signés à des gens qui s'autoriseront tout durant leurs mandats, simplement parce qu'ils ont les pleins pouvoirs.

Les inégalités se multiplieront tant que les gens au pouvoir ne seront pas exemplaires dans leur détermination et dans leurs actions à vouloir les réduire, les éradiquer.

Les États « *abris* » des usines à injustices, n'auront plus leur place dans le monde de demain. Les leviers sont connus, notre devoir est de les actionner pacifiquement et solidairement ! Nous savons l'influence des actions populaires et solidaires sur le pouvoir. Il ne plie que sous la contrainte et quand il se sent menacé. L'histoire n'a fait que le démontrer et le confirmer.

Le compte à rebours a commencé. Il n'y a pas une minute à perdre.

Le pouvoir que les États ont sur les injustices est considérable. Ce sont eux qui donnent le *« la »* à toutes les structures publiques, comme privées. Les actions gouvernementales impactent le plus grand nombre et les injustices qu'elles créent se déploient comme par contagion.

Forts de ce qui précède, nous ne pouvons pas nous affranchir de notre responsabilité électorale. Ne pas voter ou voter blanc est déléguer à d'autres les contours de notre vie, sachant qu'il n'appartient qu'à nous de définir son cœur, donc de lui donner un sens.

C'est un fait, la politique intéresse de moins en moins de monde, mais tant que nous n'aurons pas trouvé son substitut, nous devrons faire avec. Et dans avec, il y a l'avenir *« juste »* que nous voulons pour nous et pour nos proches.

Un regain d'intérêt à l'égard de la politique semble incontournable. Sinon, nous n'aurons pour seule issue que de râler après des gens que nous aurons laissé s'installer et qui nous regarderont de haut, tellement ils se sentiront légalement à l'abri.

Nous sommes ici dans le domaine des grandes injustices, vécues par le plus grand nombre. Elles se fabriquent en mode centralisé, comme déjà précisé. J'ai essayé de retourner le sujet dans tous les sens, à chaque fois j'ai abouti au même constat : notre vie, dans tous ses aspects, dépend fortement de la manière dont nos lieux d'habitation et d'exercice professionnel sont administrés. Et qui d'autre que l'État, au sens large, décide de cela ?

Faisons maintenant l'inventaire des usines à injustices alimentées et entretenues par les dirigeants politiques et autres étroitement liés, en commençant par celle qui occupe les sommets, l'usine à injustices fiscales.

Au gré des technocrates qui drivent les hauts politiques par la finance, elle restreint le pouvoir d'achat de la majorité d'entre nous et favorise celui d'une minorité.

Cette minorité de quasi-intouchables qui fait la pluie et le beau temps économique et social. S'attaquer aux classes moyennes qui subissent de plein fouet la pression fiscale est un chemin bien moins tortueux et périlleux que celui de s'attaquer aux classes supérieures, adeptes du chantage à l'emploi, de l'expatriation et de l'optimisation.

Qu'attendre des États en termes de plus de justice fiscale ?

Pas de miracles dans la mesure où ils sont pieds et mains liés, d'un côté par leur endettement et de l'autre par les ultra-riches qui contrôlent l'économie, dans tous ses recoins.

Après l'usine à injustices fiscales qui impacte une grande partie des autres usines à injustices, analysons à présent celle du monde du salariat qui vit probablement ses derniers instants.

Dès l'embauche, la sélection est impitoyable, parfois discriminante sur un nom, une photo, des périodes d'inactivité, des expériences de courte durée. Elle laisse sur le carreau ou à des métiers pénibles et peu payés ceux qui n'auront pas eu la chance de naître et de vivre dans un milieu aisé, de réunir toutes les conditions pour réussir leurs études et obtenir ces diplômes, passeports incontournables pour accéder plus facilement à des métiers porteurs et bien rémunérés.

Un faible pourcentage d'enfants d'ouvriers fréquente, encore de nos jours, l'enseignement supérieur.

Je me rappelle que mon grand-père évoquait déjà cette injustice il y a plus de cinquante ans. De l'eau a coulé sous les ponts sans que les ponts changent d'aspect, même si des aides sous forme de bourses ont tenté de gommer l'inégalité des chances.

Au-delà des critères d'embauche, avec une autre forme de discrimination, responsable du chômage de longue durée, celle de l'âge : pas le cas dans les pays où l'expérience des seniors est une véritable richesse, ce sont les salaires qui continuent à être de véritables sources d'inégalités. Les femmes à compétences identiques gagnent moins que les hommes. Par ailleurs, le marché du travail étant très tendu, certains employeurs n'hésitent pas à tirer vers le bas les rémunérations.

Avoir de la personnalité, du talent, n'est plus vraiment apprécié. Les dirigeants, les managers, veulent essentiellement des bons élèves qui appliqueront, sans les discuter, leurs directives.

De nombreux métiers sont appelés à disparaître et d'autres souffrent d'une pénurie de candidats. À qui la faute ? Aux politiques gouvernementales, en termes d'éducation et de formation, qui n'ont pas été assez ambitieuses et réactives pour s'adapter aux besoins et aux exigences des nouveaux métiers.

Les écoles n'ont-elles pas continué à former des étudiants sur des métiers en perdition, alors qu'elles savaient que la demande du marché, aussi évolutif soit-il, était ailleurs ? Nous savons tous le retard pris par certains États sur le numérique, par exemple.

Le monde du salariat est incontestablement une usine à grandes injustices, dépendante de celles fiscales et sociales.

Les révolutions, qui ont fait les avancées sociales et sociétales que nous connaissons aujourd'hui et qui sont menacées, ont concerné principalement l'univers professionnel : rémunérations, congés payés, protection sociale, durée légale du travail.

De plus en plus de gens s'orientent vers des activités indépendantes, comme le consulting, ou créent leurs propres structures, à taille humaine. Demain, nous exercerons plusieurs métiers dans nos vies et regagnerons cette liberté longtemps emprisonnée dans un cadre où les dirigeants, les managers, sont décisionnaires de notre avenir et de nos moyens.

Autre usine à injustices qui, comme les autres, est étroitement liée aux politiques gouvernementales, celle du logement. Nous sommes au 21ème siècle et il y a encore des êtres humains : hommes, femmes, enfants, sans toit, alors que de nombreux logements sont vides. Les propriétaires préfèrent spéculer que prendre le risque d'avoir des loyers impayés ou des dégradations. Le logement social, tant sur la construction que sur la rénovation, est à la traine. La vétusté du parc immobilier dans certains pays est indigne du rang qu'ils occupent dans l'économie mondiale.

La précarité, les flux migratoires, ont ouvert la porte aux marchands de sommeil, sans scrupules pour louer des logements exigus, insalubres, mal chauffés. Se chauffer normalement est devenu un luxe pour des millions de gens, tellement les choix énergétiques des gouvernements ont renforcé la dépendance au pétrole, à l'électricité, au détriment d'autres énergies moins chères et moins polluantes.

À ce qui précède, nous pouvons ajouter un service public donc la qualité se dégrade considérablement ; un secteur rural laissé à l'abandon ; un réseau ferroviaire et routier vétuste : là encore les préférences des hauts politiques vont aux grandes villes ; une politique d'aides sociales contestable ; une couverture santé où la participation demandée à chacun ne cesse de s'accroître ; une écologie à la traine, alors que le dérèglement du climat menace la planète.

Des dettes à milliards pour plusieurs pays du monde et une question principale : où est passé l'argent des citoyens, des contribuables ?

La liste des usines à injustices est encore longue. Il y a ces guerres d'usure qui détruisent des populations entières ; cette mise en place d'un nouvel ordre mondial dont nous ignorons la détermination à aller vers plus d'équité et d'intégrité ; ce soutien aux peuples en grande souffrance qui est encore largement en deçà des besoins ; cette corruption qui fait rage dans de nombreux pays.

Ce ne sont pas les institutions elles-mêmes qui sont en cause, même si des améliorations peuvent encore être apportées, mais ceux qui en sont aux commandes.

Ils ont laissé s'installer des maux chroniques dans leurs pays respectifs, maux qui les ont fortement fragilisés dans un contexte de mondialisation et empêtrés dans des crises successives interminables.

Cette situation ne peut plus durer. Des réponses efficaces et durables aux injustices doivent être trouvées de toute urgence afin d'éviter le chaos, la montée de la violence et de la radicalisation qui l'accompagne. Des pistes seront proposées dans un des chapitres suivants.

Nous vivons une véritable crise sociétale. Ce n'est plus la page du livre de ce qui régit le monde actuel qu'il faudra tourner, mais changer de livre.

« Les injustices ne se réparent pas par des aumônes. »
Victor Cherbuliez

La justice répare-t-elle les in-justices ?

« La première condition de la justice est l'impartialité. »
Emile de Girardin ; Les pensées et maximes (1867)

Cette citation d'Emile de Girardin n'a jamais été autant d'actualité.

Pourquoi ?

Dans les textes, le rôle de l'institution justice, partie intégrante de l'État comme le pouvoir exécutif et législatif, est clairement défini. Elle est la garante, en toute impartialité, du respect des lois par tous et de la préservation des droits de chacun.

La justice civile intervient dans les conflits entre personnes ; la justice pénale sanctionne, à différents degrés : contravention, délit, crime), les infractions prévues par la loi : Code pénal ; la justice administrative s'attèle à la résolution des conflits entre les citoyens et l'administration.

Comme à bien d'autres endroits, l'idéal est dans les textes et le peu mieux faire dans la réalité.

La justice ne peut y échapper parce qu'elle est celle des Hommes de l'élaboration des lois à leur application. Et l'Homme a pour nature d'être partial.

Sa mission première est de faire respecter les lois, de dire le droit et de rendre la justice, en toute impartialité, considérant que nous sommes tous égaux en droit.

Si plusieurs magistrats se penchaient séparément sur la même affaire, le jugement rendu serait-il le même ? Pas certain.

Et pourtant, ceci est essentiel pour une justice juste et réparatrice des injustices de toutes sortes, dont certaines sont la source de préjudices considérables, pas toujours chiffrables. L'intégrité des juges, maillons centraux, est la condition sine qua non d'une justice qui respecte le principe constitutionnel d'égalité de tous devant la loi.

Les juges doivent avoir appris, à l'école et par l'expérience, à résister à toutes formes de pression, notamment celles politique et médiatique.

Les avocats sont là pour veiller, en priorité, à ce que chaque justiciable puisse être défendu au meilleur de ses intérêts. En cela, et dans la mesure où ils exercent leur métier dans le respect de sa déontologie, ils font partie des piliers de la justesse de la justice.

Les juges, les avocats, forment, quant à eux, le côté aval de la justice qui a ses imperfections, mais qui s'évertue à les corriger le plus possible, le respect du contradictoire et l'évitement de tout déni de justice étant parmi ses priorités.

Que dire du côté amont, autrement dit du dispositif qui régule le flux des affaires à instruire, tant au plan de la gravité que de l'urgence ?

Pourquoi des délits, des crimes, mettent-ils autant de temps à être jugés, ajoutant aux épreuves que traversent déjà les victimes ?

Les procureurs, nommés par décret présidentiel ou ministériel, peuvent-ils être vraiment impartiaux et hermétiques à toute forme d'intimidation ou d'influence ?

Beaucoup de choses seraient à dire sur ce que j'appelle le processus d'entrée en justice. Des affaires qui ont fait la une des médias et de l'impopularité se sont vues classées sans suite et d'autres bien moins gravissimes, en apparence, ont abouti à des condamnations plus pour l'exemple ou « *politiques* » qu'autre chose.

La justice n'est pas un drone, elle ne se pilote pas à distance. Elle est fondée sur des rapports de proximité et doit être libre de juger, sans être ni une machine à expédier des audiences, ni un abattoir.

Pourtant, c'est bien la double sensation qu'elle procure. Rien de plus frustrant que de se défendre seul, sans avocat. Un « *duel inégal* » perdu d'avance, car la justice a ses codes que seule la connaissance et l'expérience permettent de maîtriser.

Heureusement qu'un juge ne décide pas seulement sur ce qui a été dit pendant l'audience, mais sur la production et l'analyse de preuves tangibles, à charge et à décharge.

Que pouvons-nous déjà déduire de ce qui précède ?

La justice se doit d'avoir les épaules très larges, car la mission de droit qui lui est confiée n'est pas sans impacter la quasi-totalité de ce qui fait la vie économique et sociale d'un pays, d'où la tendance à essayer d'en dévier le cours, même si ceux qui le font crient haut et fort leur respect pour la séparation des pouvoirs.

Elle occupe un rôle central qui justifie le fait que rien ne lui est épargné. Pourtant, elle est sous l'eau, inondée de dossiers ou d'affaires. Les saisines affluent de toutes parts, à croire que plus personne ne sait ou n'a les moyens de régler à l'amiable le moindre conflit civil ou administratif, sans l'arbitrage de la justice.

Ayant assisté à plusieurs audiences en tant qu'observateur, je me suis parfois demandé pourquoi des affaires qui relevaient de simples litiges clients se retrouvaient devant les juges. Dans certains pays et pas de moindres, les gens saisissent la justice pour tout et n'importe quoi.

Et une justice dépassée par la volumétrie et la nature des affaires entrantes est une justice qui crée irrémédiablement ses propres injustices. Elle inflige la double peine aux victimes et sert les intérêts des bourreaux. La caricature même d'une justice qui manque de justesse.

C'est vrai qu'il est facile de parler d'injustices quand nous ne sommes pas satisfaits d'un jugement rendu.

Mais en est-ce vraiment ?

Dans certains cas oui, mais dans la plupart non ! L'Homme a du mal à accepter d'avoir tort, surtout quand il est persuadé d'avoir raison ou ses raisons. Seulement en matière de justice, ce sont ceux dont le métier est de la rendre qui doivent être convaincus et convaincants.

Il y a malheureusement des erreurs de justice. Mais au regard du nombre de dossiers instruits, elles restent marginales, même si leurs conséquences sont parfois loin de l'être.

Afin de réduire le nombre d'injustices propres à son administration, un travail en profondeur s'impose sur l'ensemble des parcours de justice. Le numérique a un rôle important à jouer dans ce sens, ne serait-ce qu'en permettant une meilleure sélectivité et fluidité, tout en allégeant le formalisme papier. Mais, un peu comme pour la médecine, il ne faut pas tomber dans l'illusion de croire qu'un jour la justice sera gérée et rendue par des machines intelligentes, même si tout est possible dans le monde d'aujourd'hui et de demain.

N'oublions pas également les lois. Un gros travail reste à accomplir par le législateur sur ce point. La justice ne peut pas être juste et « *moderne* » avec des lois qui ne le sont pas. Elle ne peut pas non plus être en mesure de traiter tous les cas qui se présentent à elle, si les lois sont à la traine, dans des domaines comme celui de l'internet, par exemple avec une liberté d'expression et une cybercriminalité qui connaissent des dérives inquiétantes.

Lois et justice sont complémentaires. Les unes font avancer l'autre et inversement. Elles ont toutes les deux un rôle préventif, dissuasif. En revanche, les lois les plus strictes possibles ne peuvent être efficaces que si la justice ne les affaiblit pas dans sa manière d'opérer et par ses dysfonctionnements.

C'est dans l'exemplarité, par le biais de sanctions fermes et adaptées, que la justice remplit sa mission de prévention, autrement dit fait réfléchir à deux fois ceux qui ont l'intention d'enfreindre la loi.

Rien de plus injustes que les politiques qui interdisent d'interdire, qui reposent sur des tabous. Elles ont leurs responsabilités dans l'existence de zones de non-droit.

Regardons maintenant cet ensemble vertueux que doit être la justice au service de la loi et la loi au service de la justice et tentons d'apporter des réponses à la question : la justice répare-t-elle vraiment les injustices, en a-t-elle les moyens ?

Comme vu précédemment, ce sont les injustices touchant le plus grand nombre qui sont mises en avant ici, pas celles ressenties par des individus victimes, à tort ou à raison, sachant que nous pouvons avoir tendance à tomber facilement dans la victimisation, quand une décision de justice ne nous est pas favorable.

Dans une démocratie idéale avec une synchronisation parfaite entre le pouvoir exécutif qui élabore, puis promulgue les lois votées par le pouvoir législatif et le pouvoir judiciaire qui veille à leur application stricte, nous pourrions dire que la justice répare vraiment les injustices.

Seulement, nous sommes loin d'être dans l'idéal. Le processus d'élaboration et de mise en place d'une loi est long, même très long. Censée être la même pour tous, elle ne peut souffrir de la moindre politisation, sachant que ce sont des représentants du peuple, encartés pour la majorité à des partis politiques, qui la votent. Un exercice qui peut s'avérer périlleux et qui peut laisser libre cours à des lois particulièrement *« normatives et orientées »*.

Trop de lois affaiblit la justice, qui plus est quand elles sont paradoxales ou contradictoires, redondantes, déstabilisantes au regard de celles existantes ou bien laissent une large part à l'interprétation, au subjectif, même si la justice ne peut se suffire d'être objective.

Les usines à injustices sont nombreuses. Elles produisent des inégalités qui n'ont pas toutes des réponses législatives, judiciaires, sociales ou économiques. Ainsi, elles exposent de plus en plus de gens « *fragilisés* » aux actions de justice.

Les attentes, vis-à-vis de la justice, ne se situent plus strictement au niveau de l'application et du respect de la loi, mais également et de plus en plus dans la dimension humaine.

Ce n'est pas à la justice de faire du social ou du psychologique, mais dans un monde où les inégalités sont croissantes, le social et le psychologique sont l'affaire de tous. La dimension humaine doit être le plus souvent possible intégrée aux parcours et aux décisions de justice.

Est-ce juste de juger de la même manière l'intentionnel et le forcé ou le contraint ? Une personne en proie à des difficultés qui ne peut plus honorer ses dettes peut-elle être jugée à l'identique d'un mauvais payeur volontaire ou chronique ?

J'ai pu constater, mais cela n'est pas forcément la règle, que la justice privilégie les faits assortis de preuves à tout autre témoignage, jusqu'à ce que les victimes obtiennent gain de cause, par leur détermination à ne pas baisser les bras et à se battre pour que vérité vraie soit faite. Détermination qui peut leur faire perdre beaucoup de temps et d'argent, sans compter l'énergie dépensée à se défendre, sans garantie de succès.

La justice n'est pas aléatoire, mais elle est pleine d'incertitudes. Impossible d'être sûrs d'une « *victoire* », d'obtenir gain de cause, même après la plus pertinente et brillante des plaidoiries. De nombreux paramètres entrent en jeu et seul le juge décide au final, en âme et conscience, en s'appuyant sur tous les textes à sa disposition, qu'ils soient tirés du code civil, pénal, du travail ou de la jurisprudence.

À l'évidence, la justice crée ses propres injustices et l'amalgame peut se faire dans la tête des gens qui font appel à elle, dans le cadre de conflits, de litiges.

La justice est là pour rappeler à la loi, sanctionner, condamner et aussi réparer, mais ne le fait pas toujours !

Et c'est en cela qu'elle est injuste.

Les lois sont faites pour protéger, mais sans tomber dans la lutte des classes, elles ont tendance à favoriser les gens de pouvoir et d'argent, alors qu'elles sont à la base élaborées et promulguées pour être équitables.

Celui ou celle qui peut être représenté par un ténor du barreau a plus de chance de gagner que celui ou celle qui connait des difficultés financières. De là à dire que la justice est un business, il y a un pas que je ne franchirai pas, par respect pour les magistrats, les avocats, qui accomplissent leur travail dans le respect de la déontologie et de l'Humain.

Il y a des injustices que la justice sait réparer et d'autres non. Les injustices réparées sont le plus souvent celles criantes et bien bordées par le droit.

Dans la nuance, la justice peut véritablement être à l'origine de profondes injustices, car pour une victime, il n'y a pas de circonstances atténuantes qui tiennent. Chacun est pleinement responsable de ses actes : à certaines exceptions près, et doit être sanctionné, en toute impartialité et justesse.

Si des vides juridiques existent, la justice ne peut pas les combler, mais seulement les constater, les faire remonter. C'est au pouvoir exécutif de faire évoluer les lois, d'en élaborer, avec l'approbation du pouvoir législatif.

Réparer toutes les injustices, une mission insurmontable pour la justice du fait même de son organisation et de son engorgement, mais pas que ?

Il est dit que la justice est faite de bourgeois au service d'autres bourgeois, le pot de terre contre le pot de fer pour les personnes disposant de faibles moyens, même si des aides ont été mises en place.

C'est en partie pour cela que certaines personnes pensent que la justice au sens large, la plus juste et la plus humaine, se construit depuis la rue. Manifester semble être la seule voie efficace pour obtenir et faire valoir ses droits, pour dénoncer les inégalités et les injustices, dans des pays comme la France par exemple, où agir ainsi est un droit.

La justice n'a pas, la plupart du temps, la même lecture des injustices que les victimes directes ou indirectes. Elle peut aller jusqu'à trouver l'appréciation de ces dernières exagérée, alors qu'elle est tout à fait légitime. Dire que la justice est enfermée dans sa bulle n'est pas un non-sens. Victimes et justice, ce sont deux mondes qui se côtoient, sans pour autant toujours se comprendre.

Maintenant, il serait injuste de faire porter à la justice dans son exercice tout le poids des injustices et préjudices non réparés. C'est vers le pouvoir exécutif et législatif qu'il est nécessaire de nous tourner. Ils sont les premiers à avoir la main sur la plupart des injustices, sans pour autant en être directement responsables. D'autres passés avant eux ont pu l'être.

La réparation des injustices quand il s'agit de préjudices liés au non-respect de la loi incombe à la justice, mais pas quand il s'agit d'absences ou de dysfonctionnements importants au niveau du fonctionnement des deux autres pouvoirs de l'État. Les pouvoirs exécutif et législatif disposent des leviers pour les résoudre, même s'ils sont dépendants de règles édictées hors des frontières.

Et quelle plus grande injustice que celle de voir des fautes graves impunies ou non sévèrement punies et des fautes sans conséquences lourdes sanctionnées, parfois de manière disproportionnée, comme pour en faire des exemples. Nous savons combien les injustices existent par la comparaison.

En synthèse, la justice ne peut raisonnablement pas réparer toutes les injustices, notamment celles qui touchent le plus grand nombre. Elle essaie d'être juste, en veillant à la stricte application des lois, mais l'humain n'étant pas une science exacte, elle peut elle-même, par son administration et ses rendus, être génératrice d'injustices.

Les représentants de l'État ont le pouvoir d'actionner tous les leviers réducteurs des inégalités les plus grandes qui impactent toutes les autres. La politique fiscale n'est pas sans influencer fortement l'emploi et les revenus du travail.

Mais le font-ils spontanément ?

Non ou seulement partiellement. Les risques de tous ordres à prendre pour eux sont beaucoup trop grands pour qu'ils osent mettre en danger ce qui leur permet d'exister, de bien vivre et de durer.

Défendre ses propres intérêts et ceux de ses proches est légitime, mais ce qui l'est moins est que des gens à la tête d'un État le fassent exagérément, en abusant de leurs positions, de leurs pouvoirs.

« L'essence de la justice est de ne nuire à personne, et de veiller à l'utilité publique. »
Cicéron - Le traité des devoirs - env. 44 av. J.-C.

Cette culture du mensonge qui alimente les injustices

Il y a des endroits où le mensonge est une véritable culture, pour ne pas dire institution. Il est le moyen le plus direct et le plus redoutable de dominer les autres. Pas étonnant que ces endroits répugnent les gens qui ne mangent pas de ce pain-là et qui n'ont pas besoin de marcher sur les autres pour exister et faire leur chemin.

Difficile de tenir la dragée haute à un menteur et encore plus quand il réunit pouvoirs et argent. Son adresse à déformer la vérité, directement ou avec le support de sa garde rapprochée, en font un terrible prédateur pour les gens intègres, adeptes du parler vrai. Et ceci est une véritable injustice, car le menteur est le premier à exiger des autres une conduite irréprochable. C'est un donneur de leçons qui ne les applique pas vraiment pour lui-même.

Quoi de plus injuste qu'une vérité arrangée ou déformée qui balaie d'un revers de main devant toute instance assermentée, les arguments et les preuves de victimes sincères et honnêtes, parce que leurs bourreaux se sont donnés les moyens de construire des contre-vérités crédibles.

Il suffit à ces derniers de trouver une faille en droit chez celui ou celle qui ose les mettre en cause, d'y ajouter une bonne dose de mauvaise foi et le tour est quasiment joué.

Mais cette façon de faire n'est rien à côté des arrangements, des mensonges *« institutionnalisés »*.

À un certain niveau et dans certains lieux, le mensonge est un jeu. Toutes les vérités ne sont pas bonnes à dire, aussi lorsqu'elles sont sues ou découvertes, et a fortiori quand elles révèlent de graves dysfonctionnements ou des comportements déviants, la première démarche des responsables présumés est de les nier en bloc, d'accuser ceux qui ont été regarder là où il ne fallait pas et de les renvoyer à leurs propres obligations.

La vérité devient une patate chaude, surtout quand elle s'attaque à des gens qui se croient intouchables ou qui le sont de par leurs immenses et innombrables pouvoirs. *« Ce n'est pas moi, c'est l'autre »* ou *« Laissons la justice faire son travail »* sont les parades qu'ils utilisent pour détourner tout ce qui peut parasiter leurs objectifs et leurs intérêts.

Les magouilles, les arrangements entre copains, c'est en chambre, en clans, qu'ils les font en toute quiétude de leur bon droit, celui qu'ils s'inventent, alors qu'ils exigent du commun des mortels le strict respect de la loi.

Il s'agit juste de *« mimétisme intelligent »*. D'autres se sont permis ou se permettent de faire, alors pourquoi pas eux. Tant qu'ils ne sont ni vus, ni pris, tout roule pour eux d'autant qu'ils sont tous terriblement solidaires, ayant chacun un certain nombre de casseroles derrière lui. Cela me rappelle cette nuance importante sur le papier existant entre l'optimisation fiscale qui est légale et la fraude fiscale qui ne l'est pas. Dans les faits, dans les deux cas, on échappe à l'impôt.

À leur niveau, tout est quasiment excusable, pardonnable. Les erreurs sont humaines, l'amateurisme est de l'apprentissage. Mais à quel prix ?

Pas question de laisser durablement entacher leur image, les intérêts en jeu sont considérables. Et puis ils se moquent complètement d'être à l'origine d'injustices, tant que le feu est dans la bergerie, pas dans leur propre maison.

Les beaux discours, les belles promesses, sont les arbres qui cachent la forêt.

La vérité est arrangée, déformée, partout. Ne pas le faire est encore plus risqué que de le faire. Une vérité qui met le doigt où cela fait mal mute très vite en contre-vérité ou en « *fake new* » et encore plus quand, via les réseaux sociaux, elle est en partance pour faire le tour de la planète.

Et pendant ce temps-là, ces vaches à lait que sont les citoyens sont sollicitées, encore et toujours, pour combler les déficits provoqués par un gaspillage hémorragique de plusieurs décennies, par les détournements de sommes colossales, par les erreurs stratégiques et la folie des grandeurs des gens au pouvoir.

Il est clair pour ces derniers que récupérer l'argent volatilisé est bien plus compliqué que de faire marcher la machine à ponctionner toujours les mêmes, principalement les classes moyennes et supérieures, prises en sandwich entre des riches toujours plus riches et des pauvres sans véritables solutions à leur précarité.

Des gouvernants sous le pilotage d'annexes hautement technocratiques qui, pour la plupart, ne savent même pas la signification terrain d'une injustice. Pour eux, il est dans la nature humaine de râler, de n'être jamais satisfait, de vouloir plus, alors que d'autres, ici et ailleurs, ont beaucoup moins, comme ils savent subtilement le faire remarquer.

Aller sur le théâtre des réalités quand ce dernier commence à perturber la quiétude de leurs « *palais* » ressemble plus à une attitude forcée qu'à une démarche naturelle ou spontanée, qu'ils transforment en opportunité de redorer leur blason, de regagner les points de confiance qu'ils ont perdus, dans l'arrogance, le mépris, la déconsidération, l'ignorance de l'importance de la souffrance de ceux qui vivent les inégalités et le deux poids deux mesures, au quotidien.

À force de nier, de déformer, d'arranger la vérité et d'ignorer ou de faire semblant d'ignorer la réalité, c'est le fossé des injustices qui prend de la profondeur, jour après jour.

Parce que la vérité provient souvent d'un constat sans concession et sans appel.

Les chiffres disent bien ce qu'ils veulent, surtout quand ils concernent des sujets sensibles comme le social, le logement, le travail, l'éducation, la santé, la sécurité, le service public en général.

Mais pas pour tout le monde !

Ceux qui ont les pires difficultés à joindre les deux bouts savent la valeur de ce qu'ils n'ont pas. Jamais les enfants gâtés ne se plaindront de l'être. Au contraire, ils chercheront à l'être encore plus. Et c'est là qu'ils seront particulièrement dangereux, perdant toute notion des réalités. Ce sont ces fruits de l'élitisme et de la méritocratie qui ont l'avenir du monde entre leurs mains.

Ce n'est pas tomber dans quelconque mouvance politique décriée par ces gens sans foi ni loi, ou dans le populisme que de dire, haut et fort, les vérités que beaucoup pensent tout bas.

Oui nous vivons dans un monde de faux-culs qui cultivent le mensonge, comme un agriculteur des céréales. Seule la vérité qui sert leurs intérêts et ceux de leurs clans est bonne à dire. L'autre ne peut être qu'exagérée, inventée.

Nous pourrions faire ce raccourci d'affirmer que l'argent et tout ce qui est relié à lui est l'une des causes majeures des inégalités, de l'injuste répartition des richesses. Mais ce serait commettre l'erreur d'attribuer au matériel des torts qu'il n'a pas.

En matière d'injustices, c'est bien de comportements, de mentalités, d'attitudes à s'autoriser et à jongler avec les interdits, dont il est question.

Le seul coupable, c'est l'homme avec un petit « *h* », tellement il est mesquin à se comporter ainsi. Bien sûr qu'il ne s'agit pas de la majorité, il y a des personnes profondément respectueuses de l'éthique et de l'équité à tous les niveaux, mais ici nous ne parlons pas de contagion, mais de gangrène.

Une poignée de gens, qui se permet de se servir sans le moindre scrupule, nuit considérablement au reste de l'humanité. Qui sont ceux qui nous dirigent ? Qui sont ceux à la tête de fortunes colossales ? Quels systèmes gouvernent vraiment le monde ?

Il est dit que « *qui vole un œuf vole un bœuf* ». Ceci est aussi vrai pour les gens arrivés légalement ou illégalement au pouvoir. Ils commenceront par de petits arrangements et plus ils évolueront, plus ils les amplifieront, sur le simple fait de côtoyer de plus en plus de gens dont c'est la pratique courante de le faire.

Ne pas faire preuve d'exemplarité et qui plus est à une fonction décisionnelle est un nid à injustices. « *Faites ce que je dis, mais pas ce que je fais* » est autant irrespectueux qu'irresponsable. Il s'agit d'un facteur destructeur durable de la confiance, pour ne pas dire crédibilité.

En matière d'arrangement de la vérité, nous pouvons sans hésiter évoquer un engrenage. Celui qui ment est pris à son propre mensonge et n'a pas d'autres choix que de mentir, encore et toujours, pour maintenir une certaine cohérence et crédibilité dans sa manière d'être. Le menteur, comme le pervers narcissique, est très attaché à son image.

De nouveaux scandales succèdent aux scandales, sans compter ceux qui sont étrangement étouffés ou ignorés. Quand ils sont portés à la connaissance de tous, que les gens expriment leur indignation, le seul recours de ceux qui sont directement visés est de sauvegarder à tout prix leur image et leur rang. Et pour cela, rien de mieux que nier, que de parler de « *fake news* », que d'accuser de diffamation, autrement dit renvoyer la peur et même la faute aux indignés.

La négation comme le mensonge, sont à l'identique des comportements rencontrés lors des procédures de justice, un moyen de défense, de gagner du temps et de réduire sa peine.

Les gens de pouvoirs et d'argent savent qu'ils sont très forts et bien armés dans l'usure de leurs adversaires, de leurs opposants.

Mentir pour continuer à abuser, à détourner, à profiter, alimente les injustices. Non pas parce que les gens voudraient faire pareil et ne peuvent pas, mais parce que cela les affecte directement ou indirectement dans leur vie de tous les jours et qu'ils savent que le moindre écart de leur part est passible de sanctions, alors que d'autres s'en donnent à cœur joie, en toute impunité ou presque. La roue tourne et la vie sait aussi être juste avec les justes.

L'arrangement de la vérité est l'allié du *« deux poids et deux mesures »*. Le simple fait de le faire met en difficulté la vérité elle-même. Créer le flou est l'art des grands menteurs, dissimulateurs et autres pervers. Et ce qui est fort de café est qu'ils affirment, haut et fort, leur intégrité. Les pratiques qui leur sont reprochées ne peuvent pas être les leurs.

Pris au piège de leurs actes, ils deviennent subitement des saints auxquels reprocher la moindre chose relève du diffamatoire. Ils transforment leurs propres mensonges en mensonges des autres.

Sans l'ombre d'un doute et même si cela peut ressembler à un point de vue tranché, le mensonge qui balaie la vérité alimente les injustices, simplement parce qu'il ne met pas tout le monde sur un même pied d'égalité, face à une situation similaire. Les menteurs s'attribuent des droits sur les autres, notamment ceux de mener en bateau leur confiance.

Quels grands mensonges pour quelles grandes injustices ?

Ceux en tous genres, sur tous les sujets, des politiques qui visent un mandat. Avant d'être élus, ils sont capables de toutes les promesses. Après, ce n'est plus pareil. Amnésiques de plusieurs, ils sont. Ce qui est injuste est qu'ils arrivent à rallier à leur cause des gens qui retrouvent de l'espoir, en les écoutant ou en les lisant, pour ensuite profondément les décevoir. Quand nous traversons des épreuves, les bonimenteurs ne sont pas vraiment les gens que nous avons envie d'avoir autour de nous.

Ceux des dirigeants qui veulent attirer des hauts potentiels. Ils ont souvent tendance à cacher beaucoup de choses sur les réalités des structures sous leur responsabilité. Et quand celles-ci sont découvertes, les tensions sont inévitables. Le nouvel embauché marche sur un terrain miné qui finit par avoir raison de lui, en le poussant vers la porte.

À l'évidence, le mensonge et plus globalement la culture du mensonge, ne sont pas que chez les politiques ou les dirigeants, mais c'est à leur échelle qu'ils font le plus de dommages. Ces personnes ont entre leurs mains le sort de beaucoup de gens, même si ces derniers essaient de s'en sortir par leurs propres moyens.

Notre monde a institutionnalisé le mensonge devenu un moyen quasi légal de manipuler l'ignorance et la naïveté de ceux qui ne sont pas dans les arcanes du pouvoir.

Dire la vérité, sa vérité, relève du tabou et de l'inconscience. Certes, les menteurs sont plutôt bien identifiés ou tout du moins les milieux où ils sont les plus nombreux, mais ont un tel talent pour donner du véridique à leur charlatanisme que, même les plus avisés, peuvent tomber dans le panneau.

Pourquoi mentir et ainsi creuser encore plus le gouffre des inégalités ?

Les inégalités sont le grain à moudre des adeptes du mensonge. Sans elles, ils ne sont d'aucune utilité. Le problème est qu'ils font croire ou se disent capables de résoudre certaines d'entre elles, alors qu'ils savent parfaitement ne pas en avoir les moyens.

Combien promettent monts et merveilles avec des caisses vides. C'est ainsi que perdurent, pendant des décennies, des maux économiques et sociétaux, à l'origine de grandes injustices, comme l'inégalité des chances dans le parcours de vie, l'inéquitable répartition des richesses, le favoritisme ou l'esprit de clan. Tout ce qui fait profiter une minorité au détriment du plus grand nombre est en soi source d'injustices.

En résumé, l'honnêteté, l'intégrité, ne paient plus. Elles sont exploitées bien plus que valorisées. La culture du mensonge est partout et subtilement entretenue, même si elle est en apparence, localisée et combattue.

Ne pas mentir est la quasi-certitude de se voir marginalisés, ridiculisés. De nombreuses réussites ont été fondées sur le mensonge. Quand les règles du jeu ne sont pas les mêmes pour tous, les menteurs s'obligent à faire croire qu'elles le sont, afin notamment de se prémunir du risque d'être emportés par des mouvements contestataires d'ampleur.

« Un menteur commence par faire que le mensonge paraisse une vérité, et il finit par faire que la vérité semble un mensonge. »
Alphonse Esquiros - L'esprit des anglais (1856)

Le pouvoir de l'équité sur les injustices

« L'équité est cette justesse naturelle et spontanée qui n'a pas besoin de règles pour distinguer le juste de l'injuste. La vraie justice est impartiale. »
Patrick Louis Richard - Mars 2019

Le mot qui résume le mieux la justice à mes yeux est l'équité, bien plus que l'égalité.

Pourquoi ?

Parce qu'une justice régalienne ne peut agir avec justesse au regard des enjeux politiques, économiques et sociétaux, auxquels elle a à faire face. Elle aura toujours une loi de retard pour juger équitablement. Même si les juges essaient le plus possible d'être équitables dans leurs décisions et de résister à toute forme de pression.

Donner à nos enfants une éducation qui leur permet de distinguer le juste de l'injuste et de faire la part des choses : éviter toute victimisation ou au contraire adopter une posture de sauveur, de justicier, est fondamental. Aider à trouver le comportement le plus juste et à agir avec équité est un grand pas vers la réduction des inégalités.

Nous savons que le monde changera vraiment et durablement si les mentalités, les comportements, changent. Et ces derniers se *« fabriquent »,* dès le plus jeune âge.

Respecter des règles, à quelques dérapages près, n'est pas chose compliquée. Par ailleurs, la justice est là pour faire des rappels à la loi et sanctionner.

En revanche, adopter une attitude exemplaire, en toutes circonstances et sans se laisser influencer, l'est beaucoup plus.

C'est dans l'exemplarité que l'équité se fonde et se cultive. Beaucoup d'entre nous agissent par mimétisme et par instinct de protection, sans oublier avec une certaine paresse. Cela vaut pour les comportements qui peuvent très vite outrepasser les règles, en jouant au petit jeu confortable du *« pas vu, pas pris »*.

Le pouvoir de l'équité sur les injustices est considérable.

L'équité est naturelle, situationnelle et spontanée. C'est une vertu, une conduite bien plus qu'une crainte de subir les foudres du droit. Mais ce n'est pas pour autant qu'elle est innée.

L'équité s'apprend et s'entretient comme la plupart des choses de la vie.

Il existe un lien fort entre l'équité et l'intégrité, car celui qui sait ce qui est équitable sait aussi ce qui est honnête.

Comme déjà vu dans les précédents chapitres, les inégalités, les injustices sont partout.

Dans le monde du travail, elles sont particulièrement implantées et tenaces, même si des avancées importantes ont été enregistrées, parfois au prix de luttes très âpres.

L'égalité entre les hommes et les femmes est un combat de tous les instants. Et la partie n'est pas encore gagnée.

Si la parité homme-femme s'installe progressivement, nous sommes encore loin de l'équité, notamment dans l'exercice même des activités et des responsabilités attachées à ces activités.

La volonté et les écrits sont là, mais les usages, les comportements, les contredisent encore trop souvent.

Et pourquoi rechercher l'égalité alors que la solution équitable, juste, individuelle, adaptée au contexte, est dans la complémentarité ?

Nous sommes tous différents et c'est dans la valorisation de cette différence que se trouve la clé de la réduction des injustices par l'équité.

Rechercher l'égalité pour tous est bien plus fastidieux que d'apprendre les comportements équitables à chacun et pour chacun.

Une conduite exemplaire, qui sait distinguer ce qui est juste de ce qui ne l'est pas, n'a pas besoin de règles étatiques. Elle a ses propres règles, s'adapte en temps réel en préférant l'attitude la plus appropriée à la situation, à l'environnement, un peu comme un caméléon.

L'équité, contrairement à la justice, est impartiale, sinon elle est inéquitable. Elle n'est pas dans le « *deux poids deux mesures.* » car elle s'établit sur un consensus, un équilibre, des ajustements en temps réel. Personne n'est lésé, donc dans l'obligation de devoir faire valoir ses droits, en vue de la réparation d'un préjudice.

L'équité ne rend pas la justice, elle la recherche en permanence pour nous-mêmes et pour les autres. Justesse et équité sont sœurs jumelles.

Sachant que la justice alimente les injustices, compter uniquement sur elle pour les réduire est illusoire.

D'où l'importance d'agir le plus en amont possible en vue d'éveiller la conscience des enfants à l'équité et ainsi leur apprendre à « *le bien vivre ensemble* ».

Rien de plus influents et dommageables que les comportements de masse dérivants. Si les autres font, alors pourquoi pas moi ?

L'équité est en résistance permanente, comme la vérité l'est face au mensonge. Ce qui est juste pour les uns ne l'étant pas forcément pour les autres, elle doit faire preuve d'une grande capacité de conviction, de démonstration par l'exemple, d'adaptation et d'abnégation, mais aussi d'une grande lucidité et humilité.

Apprendre l'équité est apprendre à mieux lire ce qui est injuste, sans tomber dans la victimisation.

Notre pouvoir de changement sur les autres est limité, mais celui sur nous-mêmes est sans limite.

Ajuster notre conduite en fonction de ce que nous savons du juste et de l'injuste est fortement contributeur à un monde meilleur, à un monde plus humain.

Ce que nous verrons dans le prochain chapitre.

En synthèse, l'Homme n'est jamais aussi juste que quand sa justesse est naturellement constituée.

Encore faut-il travailler cette justesse spontanée le plus tôt possible, afin qu'elle devienne une conduite vertueuse, un quasi-automatisme.

Personne ne nous oblige à faire comme les autres et encore moins quand ce que font les autres est nuisible. Nous devons savoir dire non au mal et faire le bien.

Ce n'est pas à sa capacité de résilience que se mesure la force de l'Homme, mais à son aptitude à éviter de renouveler ses erreurs.

L'équité est un régulateur qui n'a pas besoin de règles pour exister. L'éducation à l'équité est essentielle, ce qu'elle nous apprend constitue l'un des fondamentaux de la vie, seuls et avec les autres.

« La première égalité, c'est l'équité. »
Victor Hugo

Les réponses du monde de demain aux injustices

Au risque de décevoir les rêveurs, les adeptes de la pensée positive, un monde idéal, vierge de toute injustice ou inégalité, n'a jamais existé et n'existera jamais.

Cela ne veut pas dire pour autant que nous devons nous résigner et considérer les injustices comme une fatalité.

Bien au contraire !

C'est une obligation au service de nous-mêmes et des générations futures que celle d'œuvrer en vue d'un changement sans précédent de notre façon de penser et d'agir. Passer de l'indécence au respect et à l'intégrité est une priorité absolue.

Tel est le propos de ce chapitre qui va tenter d'explorer un certain nombre de pistes de réponses aux injustices, qu'elles soient d'origine systémique ou comportementale, sachant que la marge de manœuvre sur les premières sera étroitement liée aux secondes.

Commençons par les injustices systémiques.

L'histoire nous a démontré qu'aucun Système, aussi libéral et démocratique soit-il, n'est complètement juste pour l'Homme. Chacun a ses avantages et ses imperfections.

Au fil des siècles, des systèmes différents se sont installés puis désinstallés, au prix de lourdes conséquences pour l'Humain, alors qu'ils étaient présentés comme vertueux, comme les remèdes à la plupart des maux.

Et chaque système économique, politique ou social, a engendré son lot d'injustices. Certains ont même été de véritables fabriques à inégalités.

Aussi faut-il que nous bouleverserions le Système majoritairement en place dans le monde pour mettre fin aux grandes injustices qui mettent à mal l'Humain dans ce qu'il a de plus cher, son droit de vivre décemment ?

Certains ont tenté et tentent de le faire, sans résultats probants jusqu'à présent parce que le Système a bien plus d'un tour dans son sac pour résister à toutes les actions destinées à remettre en cause ses fondamentaux.

L'Homme est dépassé par les enjeux et l'envergure. C'est pour cela que nous parlons de Système.

Comment imaginer un instant pouvoir toucher, structurellement et intuitivement, à tout ce qui constitue et régit le Capitalisme, par exemple.

Ce Système est là, solidement implanté et préservé, depuis des décennies. Seuls des évènements économiques et financiers à l'échelle de la planète pourraient l'ébranler, avec des impacts qui seraient non négligeables pour chacun d'entre nous et considérables pour les plus fragilisés.

Il y a des gens dont les pensées et les actes sont à la frontière ou déjà plongés dans l'extrémisme, avec son cortège de violences et de haine, qui agissent en espérant arriver à porter un coup fatal au Capitalisme et aux injustices qu'il ne manque pas de générer, même si sur le papier, comme tout autre Système, il présente un certain nombre d'atouts.

Mais que proposent-ils en remplacement ? Pas grand-chose qui n'a pas déjà montré ses limites. Remplacer brique par marteau n'a aucun sens, ni intérêt, pour personne, si ce n'est semer le désordre et bien plus, le chaos.

Un juste milieu est à trouver, mais la tâche est particulièrement ardue, car les opposants, les irréductibles, n'ont pas vraiment envie de voir leurs immenses pouvoirs affaiblis.

Ils sont à l'origine et à la tête, depuis des générations, d'un Système redoutablement organisé et particulièrement sélectif, véritable poule aux œufs d'or, qui a permis à une poignée de gens de réunir les moyens de rendre dépendant le reste de la planète.

« *Vivre pour travailler* » a longtemps été la condition imposée à l'Homme, avant que les choses évoluent plus vers « *travailler pour vivre* ». Mais la partie est loin d'être gagnée.

Aidez-moi à gagner toujours plus d'argent et je veillerais à vous rétribuer à la hauteur de votre contribution, de vos compétences, de votre talent.

Autrement dit *croyez au Père Noël.*

Bien sûr qu'il y a des gens ouverts à un partage équitable des richesses créées par le travail, sinon le Système se serait écroulé socialement depuis longtemps, mais ils restent des exceptions.

Le Capitalisme qui domine le monde d'aujourd'hui est une vraie usine à injustices. Travailler pour enrichir un patron ou des actionnaires est une forme d'esclavage moderne, quand nous savons le rapport de l'Homme à l'argent.

Difficile de voir une certaine équité dans le Capitalisme, même s'il est censé, du moins sur le papier, distribuer des revenus convenables et justes, assurer une vie décente, à tous.

Aussi que pouvons-nous faire au niveau de ses fondamentaux avant d'aborder les aspects comportementaux où le potentiel de réduction des injustices est plus grand, même si ce n'est pas une mince affaire que de changer les mentalités, les usages ?

Lutter contre et vouloir nous en débarrasser ? Nous avons vu que c'était peine perdue, peu efficace et risqué.

Essayer d'en assouplir les principes de fonctionnement, d'introduire un peu plus de justesse, avec une meilleure répartition des richesses ?

Les politiques de tous bords regorgent de bonnes intentions dans le domaine, mais sont très vite rattrapés par la réalité. L'argent est tentant. Ce qui n'est pas pris par soi sera pris par un autre.

Le combat autour de la part du gâteau à se partager est sans merci. C'est à qui aura le moins de scrupules, en faisant croire qu'il le fait pour le bien de tous.

Le Capitalisme a en face de lui un contre-pouvoir, seul capable de lui faire courber l'échine, le Social, la hantise des patrons, des dirigeants, qui ne sont rien sans ceux qui travaillent pour eux et consomment leurs produits ou leurs services.

De grandes avancées, en termes de réduction des injustices, ont été obtenues dans des luttes âpres et lourdement réprimées, mais les crises successives qui ont engendré, pour certains pays, des dettes publiques pharaoniques, ont divisé le Social, finissant par l'affaiblir sensiblement.

Où se trouvent les pistes réelles de progrès ?

1. Probablement dans les prérogatives des hauts politiques, et en particulier des gouvernements.

Mais là encore, les pressions des mammouths du Capitalisme sont tellement fortes que vouloir se distinguer des autres, en réformant structurellement, peut s'avérer suicidaire.

Pas d'autres choix que de faire avec. N'oublions pas que l'une des caractéristiques principales du Capitalisme est la dépendance, pour ne pas dire l'asservissement ou la soumission.

Même les démocraties, qui se disent libérales et attachées aux droits de l'Homme donc à plus de justice, ont les pieds et les mains liés par les tauliers de la Finance, par la dette notamment et sont fortement secouées par une montée de l'extrémisme et de la violence.

2. Mais aussi dans la convergence des luttes.

Pas vraiment d'actualité, car nous sommes plus dans la divergence et les guerres de pouvoirs, sans compter le discrédit apporté aux manifestations par ceux qui ne voient que par la destruction et la haine.

Les limites ont-elles été atteintes ? Le Capitalisme vit-il structurellement ses derniers jours ? Allons-nous vers une succession de « *crash* » qui l'emporteront ?

Des gens avisés ont certainement les réponses, mais se gardent bien de les divulguer. Nous savons combien le silence vaut de l'or dans les affaires.

Si tel est le cas, quel Système équitable pourra le remplacer ? Assurément, il n'est pas de ce monde. Il va falloir l'inventer de toute pièce et en attendant les dégâts risquent d'être considérables, car personne ne semble réellement préparé à une profonde mutation systémique.

Cette invention sera déterminante pour l'avenir de l'Humain sur la planète, les grandes menaces étant à la fois climatiques, économiques, sociales et géopolitiques.

Elle devra être un subtil mélange équilibré de ce qui a bien fonctionné avec ce qui est fondamental de changer, en profondeur.

Je n'ai pas connaissance, à date, de groupes de réflexion à dimension internationale, en vue de la définition et de la mise en place d'un Système révolutionnaire.

J'ai plus entendu parler d'un Nouvel Ordre Mondial que d'autre chose. Peut-être sera-t-il accompagné de sérieuses avancées sur la réduction des inégalités. Nous avons le droit de l'espérer, mais rien n'est moins sûr, les dernières décisions prises par les plus riches sur leurs avoirs peuvent éveiller une réelle inquiétude.

Une chose est certaine, la situation ne peut plus durer, de nombreux pays étant englués dans des problèmes quasi insurmontables, même si les hauts politiques font croire le contraire, avec des réformes qui relèvent plus de l'homéopathie que de la médecine à même de guérir les maladies chroniques et graves.

Au niveau macro, c'est le flou artistique. Les grands d'hier ont du plomb dans l'aile et ceux qui émergent, en tirant leur épingle du jeu, n'auront pas la partie facile dans une mondialisation politiquement, économiquement, climatiquement et socialement fragilisée, sans compter les menaces terroristes.

Aussi regardons au plan des comportements, les réponses qui peuvent être rapidement et concrètement apportées aux injustices dans le monde de demain, en précisant que ce n'est pas parce que le potentiel de progrès est là que la tâche est pour autant aisée.

Les injustices directement liées aux comportements touchent tous les milieux politiques, économiques et sociaux, mais certains beaucoup plus que d'autres. Les systèmes et les comportements sont interdépendants, les uns modifiant les autres.

S'attaquer aux comportements appelle toute une série de questions, parce que cette démarche individuelle et collective ne doit pas se limiter à l'intention, à la volonté de, mais donner lieu à des actions ciblées et efficaces.

Bonifier les comportements, par qui faut-il commencer ?

Donner de la sagesse, de l'exemplarité, à nos comportements peut-il susciter la même volonté chez les autres et inversement ?

Rendre plus juste, humaniser le Monde relève-t-il du défi improbable, de l'utopie ?

Devons-nous encore faire la révolution pour réduire les inégalités majeures, l'histoire nous ayant prouvé que le social progresse souvent quand la rue gronde ?

L'éducation n'a-t-elle pas un rôle important à jouer dans la perception des injustices et dans l'ajustement des comportements face à elles ?

Liste non exhaustive.

Essayons d'apporter une réponse de bon sens à chacune de ces questions.

Bonifier les comportements, par qui faut-il commencer ?

Pas besoin d'aller chercher bien loin la réponse à cette question. Et pourtant, ce qui devrait être une initiative tout à fait spontanée ne l'est pas chez tout le monde.

En matière de bonification des comportements, le chemin le plus court est celui qui donne les meilleurs résultats.

Avant de demander aux autres de changer de comportements, il est clair que nous devons balayer devant notre porte et nous intéresser de près à notre propre façon d'agir et de penser. La critique envers les autres est aisée, beaucoup moins envers nous-mêmes.

C'est là que nous devons mettre de côté notre égo et nos certitudes afin de réaliser l'autocritique la plus juste, de voir en quoi, par nos paroles et par nos agissements, nous pouvons être contreproductifs et pire encore, avoir une vision déformée des réalités.

Comment aider à réduire efficacement les injustices si nous en inventons, à tour de bras, au gré de nos sinistroses ou de notre négativisme. Pas question d'adopter une posture de victimes, la lutte contre les inégalités est l'affaire de gens lucides, objectifs, qui ne vont pas chercher la petite bête partout, qui savent maîtriser leurs émotions et manifester leurs désaccords, en faisant preuve d'écoute et d'ouverture d'esprit. Mais aussi qui ne reprochent pas aux autres ce qu'ils n'ont pas réussi à résoudre pour eux-mêmes.

Travailler sur nos propres comportements n'est pas chose facile. Nous aurons toujours tendance à penser que ce que nous disons ou faisons est bien parce que nous l'avons appris ainsi de notre éducation et de notre expérience, ou tout du moins de ce que nous avons voulu ou su y retenir.

Nous ne serons jamais notre propre miroir. La vérité du comment nous sommes perçus se trouve la plupart du temps dans l'image que nous donnons de nous-mêmes aux autres, tout en veillant à ce que cette image ne soit pas faussée par ce qu'ils attendent eux que nous soyons.

Afin de lever toute ambiguïté, passer par une phase d'introspection est une étape essentielle dans notre vie, sur le chemin de la sagesse, propice à la quête de l'équité, donc de cette justice naturelle et spontanée qui nous permet, en toute circonstance, de distinguer objectivement le juste de l'injuste.

Avoir un comportement juste, équitable, s'apprend à l'école de la vie. Nous faisons tous des erreurs dans ce domaine, notre perception des injustices pouvant être faussée par l'enfance heureuse ou malheureuse que nous avons eue.

Une chose est sure, nous ne pouvons indéfiniment rester hermétiques à ce qui nous est reproché, pas toujours à bon escient certes, mais ce n'est pas une raison pour systématiquement l'écarter d'un revers de main, convaincus que nous sommes d'être dans le vrai.

Un des principaux travers des comportements individuels réside dans les certitudes. Dès lors, que nous mettons de l'humilité dans notre conduite, nous faisons un grand pas vers le vivre mieux et le vivre ensemble.

Qui n'a pas crié aux injustices en manquant de justesse dans son interprétation.

Il y a toujours plus malheureux sur cette terre, à nous de ne jamais l'oublier afin de relativiser nos maux et de chercher les injustices là où elles sont vraiment.

En travaillant, seuls ou accompagnés, sur nos comportements, nous apportons incontestablement notre pierre à l'édification d'un monde plus juste et plus humain.

Au lieu de nous plaindre en permanence, de nous lamenter sur notre sort, en particulier quand la vie nous met à l'épreuve, la première des choses à faire est de nous poser la question de savoir ce que nous voulons et nous ne voulons plus.

Personne ne nous oblige, par exemple, à travailler en étant sous-payés, à accepter toute forme d'asservissement ou de soumission, à vivre dans des endroits ou avec des gens qui ne nous correspondent pas.

Nous sommes nos choix et libres de la plupart de ces derniers. Dès lors que nous avons compris cela, nous changeons considérablement notre vision sur notre environnement, sur ceux qui nous entourent. Nous mettons de la modération dans nos agissements, modération sans laquelle aucune relation ne sait se créer et s'installer dans la durée.

Il n'est jamais trop tard pour commencer, pour emprunter la voie de la sagesse. Le sage est juste, il saura toujours faire la part des choses, éviter de mettre de l'huile sur le feu, ne pas se tromper sur les priorités, sur ce qui est faisable/acceptable et pas faisable/pas acceptable.

Seuls les justes parviendront à changer le monde de l'intérieur, au moins sur l'essentiel, et surement pas en s'attaquant à lui, frontalement et violemment.

Descendre dans la rue manifester est parfois indispensable pour faire entendre des revendications, pointer des injustices et proposer des solutions. Mais le faire trop souvent et trop longtemps ne finit-il pas par en amoindrir l'efficacité et la crédibilité de leur bien-fondé ?

Nous avons tous à gagner d'apprendre à mieux faire dans tous les domaines.

Et dans la liste des comportements vers le mieux, il y a :

➢ Mieux consommer, donc dépenser ;

➢ Mieux nous traiter et nous soigner ;

➢ Mieux écouter, apprendre, comprendre et respecter ;

➢ Mieux raisonner sans tomber dans l'analyse de tout et de rien ;

➢ Mieux gérer nos émotions, notre temps, notre fatigue ;

➢ Mieux critiquer ;

➢ Mieux travailler ;

➢ Mieux choisir, décider, solutionner ;

➢ Mieux agir ;

➢ Mieux vivre tout simplement.

Même si cela n'ira pas aussi vite que nous le voudrons, les améliorations que nous apporterons à nos comportements respectifs auront un réel impact sur tout ce qui fait notre vie de tous les jours.

Un Système quel qu'il soit, capitaliste ou autre, ne peut faire abstraction des comportements individuels et collectifs. Il en est fortement dépendant, tout en les rendant eux aussi dépendants.

Un juste équilibre dans la dépendance doit être trouvé et c'est là, à mon humble avis, que le plus gros travail, en vue d'une humanisation de ce monde, reste à faire.

Nous ne pouvons pas râler tout en étant paresseux. Nous bouger d'abord pour faire bouger les lignes ensuite. Rien ne se fera en mode observation, en mode inactif.

Nous pourrons bonifier que si nous avons pris le soin et le temps de nous bonifier.

En prenant comme exemple ce qui a été fait et bien fait, nous nous comporterons comme des bâtisseurs et non des destructeurs. C'est vrai qu'il faut parfois savoir démolir pour mieux reconstruire, mais l'histoire nous a montré que nous n'avons pas toujours su le faire de la plus juste des manières.

Encore un défi comportemental, individuel et collectif, que nous avons à relever.

En résumé, commençons par changer nous, avant de vouloir changer les autres et le monde. Restons humbles et allons chercher ce qui est à notre portée. Soyons exemplaires !

« Il y a dans l'exemplarité cette capacité à montrer avant de demander. »
Patrick Louis Richard

Donner de la sagesse, de l'exemplarité, à nos comportements peut-il susciter la même volonté chez les autres et inversement ?

Nous avons vu, en tentant de répondre à la question précédente, que le changement de comportements passe nécessairement par un travail sur nous-mêmes, seuls ou accompagnés.

Exiger l'exemplarité sans être exemplaires frise l'indécence et ce monde est indécent. Les donneurs de leçons, nous en rencontrons jusqu'aux niveaux les plus élevés.

Sans pouvoir être totalement affirmatifs, nous pouvons dire que les comportements exemplaires, en quête de sagesse, auront au moins le mérite de faire réfléchir ceux qui ont décidé d'accomplir un travail approfondi sur eux-mêmes, d'aller explorer leur intérieur.

Ceux qui nous côtoient, dans la vie professionnelle comme dans la vie privée, ne peuvent que se satisfaire de nous voir plus sereins, plus aguerris face aux épreuves de la vie et aux injustices qu'elles comportent. D'ailleurs ce sont bien souvent eux qui nous alertent, avec des signaux auxquels nous ne répondons malheureusement pas toujours ou avec un temps de retard.

Rien de plus têtus, enracinés, que les comportements et les principes qui les conditionnent. Seulement voilà, nul ne sait résister durablement aux dommages causés par des agissements « *anormaux* », sur lui-même et sur les autres. Avoir sans cesse des postures génératrices de problèmes peut s'avérer suicidaire sur tous les plans.

Nous savons que dans un conflit, c'est bien souvent la personne qui garde son calme qui finit par amener l'autre au calme, à la sérénité. Il existe un effet mimétisme certain, pour ne pas dire moutons de Panurge dans les comportements. Le Système sait redoutablement tirer profit de cela.

Les comportements excessifs, narcissiques, pervers, manipulateurs, mensongers, donneurs de leçons, arrogants, méprisants, l'emportent la plupart du temps par crainte de représailles ou de par la position de leurs auteurs, mais finissent par exaspérer et par se retourner contre ceux qui en sont à l'origine. La tempête ne sait durer dans un environnement où le calme est dominant.

Qui que nous soyons et où que nous soyons, nous serons obligés un jour de tendre vers l'exemplarité, vers la sagesse, au risque de perdre toute crédibilité et de porter un sérieux coup à notre image, donc à la perception que les autres auront de nous, si nous ne le faisons pas.

La partie est loin d'être gagnée, dans un monde profondément injuste et égoïste, avec des inégalités sociétales qui devraient ne plus exister depuis des décennies, à croire que ceux qui donnent des leçons n'ont pas compris ou voulu comprendre les leçons de l'Histoire.

Si nous pensons que le travail en profondeur sur les comportements relève plus du collectif que de l'individuel, nous sommes assurément dans l'erreur. Il est bien plus difficile de changer un groupe, une organisation, un Système, qu'un individu.

L'Homme peut avoir bien des défauts, mais sait aussi ne pas être chroniquement stupide. Son instinct de survie ne peut que le conduire à la raison, au fil du temps et de l'expérience.

Il ne faut pas chercher à uniformiser, à policer, les comportements, mais à les rendre acceptables et complémentaires. Et cela passe encore une fois par l'exemplarité.

Les postures extrêmes ne mènent à rien, si ce n'est au chaos. La sagesse et la justice naturelle qui la caractérise sont dans le juste milieu.

Tout est dosage, équilibre dans la vie, il en est de même pour les comportements. La sagesse est équilibrante. Allons vers cette sagesse et nous œuvrerons ainsi dans le sens d'une vie meilleure pour tous où l'équité aura le dessus sur le régalien.

Trop de lois tuent la loi. Limitons la frénésie des lois en diminuant sensiblement les dérives comportementales, nos propres dérives.

Changer de comportements, c'est changer de priorités. Alors changeons de priorités et aidons ainsi les autres à faire de même, afin de revenir aux fondamentaux de la vie, sans lesquels nous ne pouvons pas parler de vie mais de survie.

En synthèse, il est de notre devoir d'être exemplaires, sans regarder ce que nous perdons par cette exemplarité, mais ce que nous sommes susceptibles d'apporter et de susciter. Le monde a besoin de moteurs en termes de comportements dits « *normaux* ». Le juste finit toujours par triompher de l'injuste, seul le temps nécessaire pour y arriver est difficilement estimable.

Rendre plus juste, humaniser le Monde relève-t-il du défi improbable, de l'utopie ?

Si nous regardons les grandes injustices de ce monde, nous pouvons très vite baisser les bras et nous dire que la tâche est trop vaste et trop complexe pour que notre humble contribution ait un réel impact.

Seulement voilà, ne dit-on pas que *« les petits ruisseaux font les grandes rivières »* ?

Rendre plus juste, humaniser le monde, sont certes de grands défis, mais des défis loin d'être impossibles.

Pourquoi ?

Parce que ceux qui ont perdu la vie dans des révolutions au service du meilleur pour l'Humain nous ont prouvé que le progrès ne touche pas que l'aspect technique, mais également l'aspect social.

De grandes avancées ont été obtenues, même si certaines d'entre elles sont mises à mal par un Système qui a pendant longtemps vécu au-dessus de ses moyens et qui en paie les pots cassés aujourd'hui.

Oui nous pouvons le faire encore et toujours ! Individuellement et collectivement !

Si nous voulons simplifier ce qui apparait comme complexe, il nous suffit d'admettre qu'en augmentant la part des gens justes, des gens sages sur la planète, cela conduira inévitablement à une réduction des injustices, ne serait-ce que par la non-création de nouvelles.

Comment faire ?

En commençant par devenir justes, sages, exemplaires nous-mêmes. Et cela passe, comme déjà dit, par un travail approfondi sur nos comportements.

Ainsi, nous ferons des émules qui feront eux-mêmes d'autres émules.

Le Système a besoin de nous. Ne cherchons pas à le démolir, mais à le bonifier, en étant les acteurs de cette bonification. Combattons cette paresse qui vise à critiquer pour critiquer, sans proposer de réelles solutions.

Soyons des adeptes du meilleur, tant au niveau de la pensée que des actes.

Nous sommes à l'évidence une goutte d'eau dans un océan, mais nous savons aussi que tout ce qui est petit ou grand est parti de rien.

Le monde ne changera pas en mode bulldozer et les injustices qui l'habitent encore moins. Il y aura des crises plus ou moins graves, mais l'humain a un tel instinct de survie qu'il les surmontera toutes, avec malheureusement de gros dégâts, en particulier sur les plus fragilisés.

Il est de notre devoir de nous aider et d'aider les autres à être plus forts face aux épreuves de la vie, à relativiser les injustices, à mieux maîtriser ces émotions qui peuvent être à double tranchant : servir ou nuire.

Le mental, le cœur et l'expérience, sont des atouts redoutables pour amener plus de justesse, donc de la sagesse partout où elle pourra accomplir des merveilles.

Les véritables changements, efficaces et durables, s'opèrent au quotidien, sous l'impulsion de leaders d'audace et d'humanisme.

Nous connaissons les leviers, ils sont restés les mêmes malgré les évolutions. Les métiers changent, disparaissent pour certains, mais quand nous regardons de plus près les fondamentaux, nous nous apercevons qu'ils n'ont pas vieilli d'une ride. Ils ont juste été oubliés ou mis de côté.

Notre mission est de leur redonner du sens, de placer les priorités là où elles doivent être, d'investir en temps et en énergie pour plus d'équité.

Ce qui nous manque bien souvent, c'est le temps. Nous avons tellement de problèmes à résoudre à notre niveau qu'aider à résoudre ceux des autres devient le cadet de nos soucis, par égoïsme ou instinct de protection. Pourtant, combien d'entre nous gaspillent une énergie folle à des choses futiles ou loin d'être à leur portée.

Contribuer à un monde plus juste, plus humain, passe par une certaine dose de pragmatisme, une bonne évaluation et une bonne gestion des priorités.

Pour synthétiser et multiplier cet esprit positif qu'ont les battants, il est important de nous dire que rien n'est insurmontable dans la vie. Tout est à portée de celles et ceux qui refusent de considérer que les injustices quelles qu'elles soient sont installées pour toujours. Elles ont toutes un talon d'Achille.

Devons-nous encore faire la révolution pour réduire les inégalités majeures, l'histoire nous ayant prouvé que le social progresse souvent quand la rue gronde ?

À l'évidence, les justes n'auront pas raison, et encore moins en mode petits groupes, de toutes les injustices, en particulier celles majeures qui touchent des milliards de gens.

Les très riches n'ont pas pour naturel de devenir spontanément plus partageurs, surtout quand ils vivent dans des pays qui taxent à outrance. À leurs yeux, l'argent pris est censé aider les moins bien lotis.

Dans la vie, nous avons tendance à répéter les mêmes schémas, cela vaut aussi pour les moyens *« radicaux »* de réduire les injustices, en particulier les injustices sociales et fiscales.

Selon les régimes en place dans les pays, les actions pourront aller de la manifestation de rue à la révolution pacifique et parfois malheureusement à la révolution violente, sanglante.

Certaines révolutions sont en cours et d'autres suivront. Elles sont inéluctables au regard du poids des inégalités et de la circulation des informations via l'internet qui permettent aux gens de se regrouper en tous lieux pour partager et défendre leurs idées.

La peur est irrémédiablement en train de changer de camp, même si certains dictateurs s'accrochent encore au pouvoir comme des sang-sues.

Ce qui est inquiétant est la montée de l'extrémisme dans les démocraties, en particulier en Europe.

Cette tendance porte atteinte aux droits de l'Homme, en mettant les politiques devant des choix cornéliens.

Manifester est un droit. Mais comment le laisser s'appliquer quand les manifestations qui se veulent pacifiques à la base sont infiltrées par des gens venus pour casser, pour s'attaquer à tous les symboles du Système en place.

Nous assistons à un vrai bras de fer, parfois même à un jeu du chat et de la souris dont personne ne sait l'issue.

L'équilibre mondial est menacé, les dérives financières, les erreurs stratégiques et politiques, ont été nombreuses et les injustices majeures, celles qui enferment la vie dans la survie, sont devenues intolérables, invivables.

Même les meilleurs économistes y perdent leur latin, alors que dire des politiques qui ont été de fiascos en fiascos.

Espérons que le bon sens commun prendra vite le dessus, que les propositions qui seront faites en réponse aux revendications, pour plus de justice et une répartition équitable des richesses, trouveront un écho favorable.

Si tel n'est pas le cas, alors le seul moyen connu à date pour son efficacité sociale et sociétale quand plus aucun dialogue, plus aucune manifestation, ne donnent de résultats, la révolution, sera inévitable, avec toutes les incertitudes possibles quant à la nature des dégâts humains et matériels. Même si nous ne sommes plus dans la même configuration que les révolutions passées.

Tout a un prix dans la vie. Et rien n'est plus dangereux qu'un volcan qui sommeille. Laisser perdurer les injustices majeures est, en quelque sorte, s'assoir sur un baril de poudre.

L'éducation n'a-t-elle pas un rôle important à jouer dans la perception des injustices et dans l'ajustement des comportements face à elles ?

La personnalité et les comportements se forgent depuis notre enfance dont le déroulement impactera toute notre vie.

Dès notre naissance, nous sommes confrontés aux injustices, même si nous n'en avons pas conscience tout de suite. Selon notre sensibilité, nous pourrons avoir tendance à très mal vivre certaines d'entre elles, en allant jusqu'à la victimisation ou jusqu'à nous ériger en justiciers, ce qui n'est pas vraiment notre rôle et risque de nous entrainer dans des comportements répréhensibles.

Comme pour une maladie : plus tôt elle est diagnostiquée, plus elle a de chances de guérir, l'éducation doit avoir ce rôle de régulation et non d'accentuation des émotions en général et en particulier au regard des injustices, sinon la vie peut ressembler à un véritable enfer. Du vécu en ce qui me concerne.

Le plus souvent l'éducation apprend ce qui est juste, utile, bénéfique, profitable, présente une certaine vision « *idéalisée* » de la vie : si tu fais cela, tu réussiras, tu auras une belle vie.

Elle occulte la partie immergée de l'iceberg, à savoir la nécessité d'apprendre à vivre avec les injustices, sans pour autant les alimenter nous-mêmes.

Des situations injustes, nous en rencontrons et en rencontrerons plusieurs dans notre vie. Mieux nous les vivrons, mieux nous serons en mesure d'agir efficacement pour en minimiser la portée.

La dramatisation conduit à la victimisation qui peut avoir de graves conséquences psychologiques, surtout si l'éducation a été injuste, comparativement à un autre enfant de la famille, par exemple : cas de l'ainé assez souvent.

La relativisation, la hiérarchisation, des injustices conduit elle à une appréciation équilibrée et équilibrante. Il y a les petites injustices et les injustices majeures. La compréhension et les moyens d'actions sur les unes sont sans commune mesure avec ceux sur les autres.

L'éducation se doit d'aider l'enfant à faire la part des choses ; à ne pas subir les situations de front, surtout quand elles remettent en question ce qu'il a appris ; à ne pas être pris au dépourvu et ainsi rester sans réponse ou moyens d'action ou de réaction.

En s'opérant de la sorte, l'éducation évitera à l'enfant de tomber dans des comportements qui pourront lui être préjudiciables. Il s'inscrira dans la compréhension avant toute réaction, plutôt que dans la rébellion quand quelque chose ne lui conviendra pas.

L'enfant est généralement juste. C'est le monde dans lequel il va plonger qui peut le rendre injuste. Le rôle de l'éducation est de le maintenir dans cette justesse naturelle et spontanée qu'est l'équité le plus longtemps possible.

Se comporter comme il lui semble juste de le faire est bien plus apprenant pour l'enfant que d'avoir à le faire sous la contrainte, avec un rappel régulier des règles et un recours à des punitions, en cas de non-respect. Cela vaut aussi pour l'adulte.

En résumé, le rôle de l'éducation est essentiel dans la perception des injustices : justesse, et dans l'ajustement des comportements face à elles : victimisation vs rébellion. Ainsi, elle contribue, directement ou indirectement, à une réduction des petites injustices et à une meilleure façon de vivre les injustices majeures, tout en essayant d'en minimiser la portée à chaque fois que possible.

Le message glissé dans « *Ma bouteille à la mer des injustices* »

Le moment est venu pour moi de vous dévoiler le message que mon cœur a glissé dans la bouteille, lancée fictivement, à la mer des injustices.

Ce message a été inspiré par la citation suivante que j'ai choisie pour vous, dès le début de mon livre :

« Surtout, soyez toujours capables de ressentir au plus profond de votre cœur n'importe quelle injustice commise contre n'importe qui, où que ce soit dans le monde. C'est la plus belle qualité d'un révolutionnaire. »
Ernesto Che Guevara

En voici le texte :

« J'ignore à l'instant où mon cœur me murmure ses mots qui découvrira ce message, mais aussi où et quand.

Nous vivons dans un monde profondément injuste. Au fur et à mesure que certains luttent contre les injustices, les inégalités, d'autres en créent. Elles ressemblent à une suite sans fin qui découragerait les plus téméraires.

Parce que les injustices sont l'Homme (hommes et femmes). Sans elles, aucun pouvoir n'a de sens et ne dure. Et l'Homme est avide de pouvoirs.

Les animaux sont justes, pas l'Homme et encore moins l'Homme civilisé qui a mis en place un système laissant peu de chances à ceux qui ont été desservis par la vie, depuis leur naissance.

Ce monde est à deux vitesses, une vitesse de croisière pour les nantis et une vitesse de galériens pour les misérables.

Les uns courent contre la montre pour toujours gagner plus et les autres simplement pour survivre.

La répartition des richesses est la plus injuste qu'il soit. Sans tomber dans le populisme, la meilleure part du gâteau est pour ceux qui possèdent l'outil de travail et la part restante pour ceux qui utilisent ce même outil, puis en consomment les produits ou les services.

S'il n'y avait pas eu des gens qui ont écouté leur cœur, bien appris les choses de la vie, et qui ont osé crier haut et fort les injustices, qu'aurait connu notre monde, assurément le chaos.

Une simple lecture de l'Histoire montre que le seul moyen efficace pour l'Homme de réduire les injustices, à travers les époques, est la rue et parfois même la révolution.

La peur de perdre le pouvoir et l'argent fait que ceux qui ont s'intéressent aux revendications de ceux qui n'ont pas ou peu.

Triste, mais constat bien réel, résistant au temps.

Cependant, l'Homme vaut et mérite mieux que cela. Les injustices sont clairement tout sauf une fatalité.

Chacune a une cause et une réponse possible.

Et c'est cette réponse que ce message est venu chercher, auprès de celles et ceux qui en prendront connaissance humainement.

Même si souvent les luttes sont l'initiative d'un nombre réduit de personnes, dès lors qu'elles vont chercher le meilleur pour l'Humain, elles font de nouveaux adeptes.

Nous portons tous en nous la solution aux injustices, individuellement et collectivement.

Les injustices aiment les hivers, les révolutions pacifiques les printemps.

Soyons en révolution pacifique tout le temps. Révoltons-nous contre nos comportements quand ils alimentent les injustices, en en créant d'autres ou en ignorant celles qui existent. Écoutons notre cœur, il est le seul à avoir une lecture humaine des injustices.

Balayons devant nos portes tout en allant vers les autres. Rien de plus injuste que l'ignorance, celle sur laquelle le pouvoir s'appuie pour dominer, soumettre, conditionner, mais aussi l'indifférence qui laisse tant de gens dans la survie.

Apprenons encore et encore à toujours mieux faire, à penser avec justesse et à agir avec exemplarité.

Parce que la justice inventée par l'Homme est injuste, tant au niveau des lois que de leur application, faisons confiance à l'équité, cette justice, en dehors de toute règle, basée sur la spontanéité, le naturel.

Si ce message a interpellé votre cœur, vous a donné l'envie de changer en mieux vos comportements, vous a fait prendre conscience de l'importance de votre rôle dans la réduction des injustices, alors il aura apporté sa pierre à l'édification d'un monde plus juste et plus humain.

Il n'est jamais trop tard pour être juste.

Patrick Louis Richard. »

Conclusion

Voici arrivé le moment toujours émouvant pour un auteur de mettre un point final à mon livre *« Ma bouteille à la mer des injustices »*, vision personnelle, fondée sur un vécu, que j'ai souhaité partager avec vous, en toute authenticité.

Pas vraiment un point final, mais plutôt trois petits points, car ce sujet on ne peut plus actuel est largement ouvert aux débats dans la quasi-totalité des pays de la planète.

Le sujet est particulièrement sensible, pour ne pas dire explosif.

C'est l'équilibre mondial et le vivre mieux qui sont en jeu. Et dans le vivre mieux, il ne s'agit pas de luxe, mais simplement d'un passage de la survie à la vie, pour la plupart d'entre nous.

L'option que j'ai choisie a été de le traiter sans tomber dans la victimisation, la démagogie, car les injustices existent et existeront toujours. Elles sont attachées à l'Homme.

Aussi, il m'a paru plus juste de parler de réduction des injustices plutôt que d'éradication.

Il m'a semblé également important de faire la distinction entre les petites injustices et les injustices majeures.

Enfin, j'ai insisté sur le rôle de l'éducation dans la perception et dans l'ajustement des comportements face aux injustices.

Mieux les comprendre, les prioriser permet de mieux vivre avec, sans pour autant baisser les bras, car elles sont tout sauf une fatalité.

Il est clair que les choses doivent changer, en commençant par les comportements, trop libéraux pour certains et trop extrêmes pour d'autres.

L'exemplarité et un retour aux fondamentaux du mieux vivre et du mieux vivre ensemble sont la condition sine qua non pour voir sereinement l'avenir de nos enfants et petits-enfants.

Un monde meilleur, un monde plus juste est à notre portée, sans pour autant démolir ce qui existe, car aucun Système n'a encore prouvé ses vertus, en matière de justesse et de justice notamment.

À propos de l'auteur

Natif de ce beau pays qu'est le Maroc, depuis ma petite enfance, les comportements n'ont pas manqué d'éveiller ma curiosité ; ceux-ci étant, de mon point de vue, de justes révélateurs de la personnalité.

Sensible et persévérant, j'ai beaucoup appris de la vie à travers ma relation avec les autres. Toutefois, je me suis oublié, pendant de longues années, avant d'accomplir la retraite, introspective et spirituelle, qui m'a permis de remédier, en particulier, à un sérieux manque d'assurance et d'attentions à mon égard.

Échanger avec des personnes, connues ou rencontrées par hasard, m'a aidé à porter un regard différent sur le monde dans lequel je vis. Plusieurs d'entre elles ont apprécié mon altruisme et la façon dont il se manifestait, par le biais de chroniques ou de citations publiées sur les réseaux sociaux. Certaines m'ont suggéré d'écrire un livre, ce que j'ai fait avec beaucoup d'émotion et d'application.

Ainsi est né mon premier livre *« La culture du Client »,* fruit de quarante années consacrées à la satisfaction du Client, mais aussi à organiser, à diriger, à redresser, en tant que salarié ou consultant, tout type de structure, en France et à l'international.

D'autres ont suivi. Des essais, des contes, des romans, des recueils ; résultats d'une écriture spontanée où les mots s'alignent, dictés par mon cœur et par la richesse de mon parcours. Auteur libre et engagé, je dis ce que je pense et pense ce que je dis.

Belle découverte de mes ouvrages. N'hésitez pas à laisser un avis à l'issue de vos lectures, il est précieux.

Mes notes : *Qu'ai-je retenu de ce livre et comment vais-je continuer à être un acteur, une actrice, encore plus engagé(e), dans la lutte pour plus de justice et de justesse, partout où il me sera possible d'apporter ma pierre à l'édifice ?*